# O "Martín Fierro"

JORGE LUIS BORGES
com a colaboração de Margarita Guerrero

# O *"Martín Fierro"*

Tradução de Carmem Vera Cirne Lima

www.lpm.com.br
L&PM POCKET

Coleção **L&PM** Pocket, vol. 439

Primeira edição na Coleção **L&PM** POCKET: agosto de 2005

Título do original: *El "Martín Fierro"*

*Tradução*: Cermem Vera Cirne Lima
*Revisão*: Renato Deitos, Mariana Donner da Costa e Larissa Roso
*Capa*: Ivan Pinheiro Machado sobre ilustração de Caulos

ISBN: 85.254.1433-6

---

B732m Borges, Jorge Luis
O "Martín Fierro"/ Jorge Luis Borges, Margarita Guerrero; tradução de Carmem Vera Cirne Lima. Porto Alegre : L&PM, 2005.
98 p. ; 18 cm. -- (Coleção L&PM Pocket)

1.Hernández, José, 1834-1886-Crítica Literária-Martín Fierro. 2.Crítica Literária-Martín Fierro. 3.Literatura argentina- História e Crítica-Martín Fierro. 4.Guerrero, Margarita. I.Título. II.Série.

CDD A863.09
CDU 821.134.2(82)-95

---

Catalogação elaborada por Izabel A. Merlo, CRB 10/329.


Porto Alegre: Rua Comendador Coruja 314, loja 9 - 90220-180
Floresta - RS / Fone: 51.3225.5777
Pedidos & Depto. comercial: vendas@lpm.com.br
Fale conosco: info@lpm.com.br
www.lpm.com.br

Impresso no Brasil
Inverno de 2005

# Índice

# Prólogo

Há quarenta ou cinqüenta anos, os jovens liam *Martín Fierro* como hoje lêem Van Dine ou Emilio Salgari; por vezes clandestina e sempre furtiva, essa leitura era um prazer e não o cumprimento de uma obrigação pedagógica. Atualmente *Martín Fierro* é um livro clássico, e esse qualificativo soa como sinônimo de tédio. Por seu simples volume, as edições eruditas contribuem para a difusão desse erro; a indiscutível extensão do doutor Tiscornia foi atribuída ao poeta comentado por ele. O certo é que *Martín Fierro* abarca umas oitenta páginas e podemos começá-lo e concluí-lo, sem excesso de velocidade, num só dia. Quanto a seu vocabulário, logo veremos que é menos regional que o de Estanislao del Campo ou o de Lussich.

Não faltam edições cuidadas. Talvez a melhor seja a de Santiago M. Lugones (Buenos Aires, 1926), cujas notas lacônicas, obra de um homem que conhece nossa campanha, são utilíssimas para a compreensão do texto. Mais conhecida é a de Eleuterio Tiscornia, publicada em 1925; as palavras necessárias sobre esse livro foram ditas por Ezequiel Martínez Estrada *(Muerte y transfiguración de Martín Fierro,* II, 219).

Promover a leitura de *Martín Fierro* é o objetivo principal deste breve trabalho. Nosso livro é, porém, elementar; para continuar o estudo de *Martín Fierro* são indispensáveis *El payador* (1916), de Leopoldo Lugones, e *Muerte y transfiguración de Martín Fierro* (1948), de Ezequiel Martínez Estrada. O primeiro destaca os elementos elegíacos e épicos da obra; o segundo, o trágico de seu mundo, e ainda o demoníaco.

Irreverentes e de leitura muito amena são os *Folletos lenguaraces* (Córdoba, 1939-1945), de Vicente Rossi. Uma das teses de Rossi é que *Martín Fierro* é mais *orillero*[1] que gaúcho. De útil manejo é também o *Vocabulario y frases de "Martín Fierro"* (Buenos Aires, 1950), de Francisco I. Castro, ainda que o autor, muitas vezes, procure o sentido das locuções obscuras no contexto do poema e não cite outras autoridades. Assim, diz que a palavra *pango* significa "baderna, altercação, desordem, complicação, confusão" e nos remete ao canto XI, no qual se lê: *Mas metió el diablo la cola / y todo se volvió pango*[2]. Nos trechos que admitem duas interpretações, o senhor Castro costuma optar pelas duas. Explica que um *consuelo* (consolo) é *algún peso en el tirador y una china que lo amará.*[3]

Para o tipo genérico do paisano, pode-se con-

1. *Orillero* – habitante da periferia das cidades ou povoados, originário da campanha. (N. do T.)

2. Mas o diabo meteu o rabo / e tudo virou baderna. (N. do T.)

3. Umas moedas no tirador e uma china que o amará. (N. do T.)

sultar *El gaucho* (Buenos Aires, 1945), de Emilio A. Coni; para a origem de seu nome, o capítulo "*Treinta etimologias de* Gaucho", do livro *El castellano en la Argentina* (La Plata, 1928), de Arturo Costa Álvarez.

# A poesia gauchesca

A poesia gauchesca é um dos acontecimentos mais singulares que a história da literatura registra. Não se trata, como o nome pode sugerir, de uma poesia feita por gaúchos; pessoas educadas, senhores de Buenos Aires, ou Montevidéu, a compuseram. Apesar dessa origem culta, a poesia gauchesca é, logo o veremos, genuinamente popular, e esse mérito paradoxal não é o menor do que nela vamos encontrar.

Aqueles que estudaram as causas da poesia gaúcha se limitaram, geralmente, a uma: a vida pastoril que, até o século 20, foi típica do pampa e das coxilhas. Esta causa, sem dúvida apropriada à digressão pitoresca, é insuficiente; a vida pastoril foi típica em muitas regiões da América, de Montana e do Oregon até o Chile, mas estes territórios, até hoje, se abstiveram energicamente de escrever *El gaucho Martín Fierro.* Não bastam pois o duro pastor e o deserto.

Alguns historiadores de nossa literatura – Ricardo Rojas é o exemplo mais evidente – querem derivar a poesia gauchesca da poesia dos *payadores* ou improvisadores profissionais da campanha. A circunstância de que o metro octossílabo e as formas estróficas (sextina, décima, copla) da poesia gauchesca coincidem com as da poesia *payadoresca* parece justificar esta genealogoia. Existe, contudo, uma diferença fundamental. Os *payadores* da campanha não versificaram jamais num linguajar deliberadamente plebeu e com imagens derivadas dos trabalhos rurais; o exercício da arte é, para o povo, um assunto sério e até solene. A segunda parte de *Martín Fierro* nos dá, a este respeito, um testemunho tácito. O poema inteiro está escrito numa linguagem rústica, ou que estudadamente pretende ser rústica; nos últimos cantos, o autor nos apresenta uma *payada*[1] numa taberna e os dois *payadores* esquecem o pobre mundo pastoril que os rodeia e abordam com inocência ou temeridade grandes temas abstratos: o tempo, a eternidade, o canto da noite, o canto do mar, o peso e a medida. É como se o maior dos poetas gauchescos tivesse querido nos mostrar a diferença que separa seu trabalho deliberado das irresponsáveis improvisações dos *payadores*.

Cabe supor que dois fatos foram necessários para a formação da poesia gauchesca. Um, o estilo de vida dos gaúchos; outro, a existência de homens da cidade que se identificaram com ele e cuja linguagem habitual não era demasiado diferente. Se tivesse existido o dialeto gauchesco que alguns filólogos (em geral, espanhóis) estudaram ou inventaram, a poesia de Hernández seria um *pastiche* artificial e não a coisa autêntica que conhecemos.

A poesia gauchesca, de Bartolomé Hidalgo a José Hernández, se fundamenta numa convenção que

---

1. *Payada* – desafio improvisado em versos, acompanhado de violão. (N. do T.)

quase deixa de existir, por força de ser espontânea. Pressupõe um cantor gaúcho, um cantor que, à diferença dos *payadores* genuínos, lida deliberadamente com a linguagem oral dos gaúchos e aproveita os traços diferenciais desta linguagem, opostos à urbana. Ter descoberto esta convenção é o mérito principal de Bartolomé Hidalgo, um mérito que sobreviverá às estrofes redigidas por ele e que tornou possível a obra ulterior de Ascasubi, de Estanislao del Campo e de Hernández.

Podemos acrescentar uma circunstância de ordem histórica: as guerras que uniram ou dilaceraram essas regiões. Na guerra da Independência, na guerra com o Brasil e nas guerras civis, homens da cidade conviveram com homens da campanha, se identificaram com eles e puderam conceber e executar, sem falsificação, a admirável poesia gauchesca.

O iniciador foi o montevideano Bartolomé Hidalgo. O fato de ter sido barbeiro em 1810 estimulou nos historiadores o prazer pedante que oferecem os sinônimos; Lugones, que o censura, estampa a expressão *rapabarba;* Rojas, que o elogia, não se resigna a prescindir de *rapista.* Com uma penada faz dele um *payador,* para assim ilustrar sua doutrina de que a poesia gauchesca vem da poesia popular. Admite, todavia, que as primeiras composições de Hidalgo foram sonetos e odes hendecassílabas; inútil lembrar que estes gêneros são inacessíveis ao povo, para quem não há outro metro perceptível que o octossílabo, e tudo mais é prosa. Investigações feitas em Montevidéu (veja-se a revista *Número 3*, 12) estabeleceram que Hidalgo começou escrevendo *meteólogos*, estranha palavra que significa "uma ação cênica, geralmente para um único personagem, com um comentário sinfônico que ora tece o fundo sonoro à voz do ator, ora se alterna com a palavra para sublinhar sua expressividade ou antecipar o sentimento que será declamado a seguir". O meteólogo foi chamado também *unipessoal*. Hoje compreendemos que a razão final deste gênero, elaborado na Espanha e sem dúvida banal ou maçante, foi sugerir a Hidalgo a poesia gauchesca. Sabe-se que suas primeiras composições foram os *Diálogos patrióticos*, nos quais dois gaúchos – o capataz Jacinto Chano e Ramón Contreras – lembram eventos da pátria. Neles Bartolomé Hidalgo descobre a entonação do gaúcho. Na minha curta experiência de narrador comprovei que saber como fala um personagem é saber quem é; que descobrir uma entonação, uma voz, uma sintaxe peculiar é ter descoberto um destino.

Não repetirei linhas de Hidalgo; inevitavelmente cometeríamos o anacronismo de condená-las, usando como cânone as de seus continuadores famosos. Vou apenas lembrar que nas estrofes de outros, as quais citarei, estará de algum modo a voz de Hidalgo, imortal, secreta e modesta.

Hidalgo foi soldado e lutou nas guerras que seus gaúchos cantaram. Em épocas de pobreza vendia pessoalmente pelas ruas seus *Diálogos patrióticos*, impressos em folhas coloridas. Por volta de 1823, morreu obscuramente de uma doença pulmonar, no povoado de Morón. Sua vida e sua obra foram estudadas por Martiniano Leguizamón e por Mario Falcao Espalter *(El poeta oriental Bartolomé Hidalgo,* Montevidéu, 1918).

Bartolomé Hidalgo pertence à história da literatura; Ascasubi, à literatura e também à poesia. No *El payador,* Lugones sacrifica os dois à maior glória de *Martín Fierro.* Este sacrifício provém do costume de reduzir todos os poetas gauchescos a meros precursores de Hernández. Esta tradição comporta um erro. Ascasubi não prefigura *Martín Fierro,* uma vez que sua obra é radicalmente diferente e tem outros objetivos. *Martín Fierro* é triste; os versos de Ascasubi são felizes e destemidos e têm um caráter visual totalmente diverso do estilo de Hernández. Lugones negou a Ascasubi toda virtude e isso se torna paradoxal, porque Lugones, poeta visual e decorativo, tem afinidade com Ascasubi. Coragem florida, gosto pelas cores puras e pelos objetos precisos definem este último. Assim, no princípio de *Santos Vega:*

> El cual iba pelo a pelo
> en un potrillo bragao,
> flete lindo como un dao
> que apenas pisaba el suelo
> de livianito e delgao.[2]

---

2. Optamos por manter no texto sempre a versão original. A tradução visa conservar antes o sentido que a métrica.

O qual ia *pelo a pelo* (num só cavalo, sem muda) / em um potrilho bragado / pingo lindo como um dado / que mal pisava no chão / de levianito e delgado. (N. do T.)

É esclarecedor, também, comparar a descolorida notícia dos *malones*[3] que há em *Martín Fierro* com a apresentação imediata e cênica de Ascasubi. Hernández destaca o horror de Fierro ante a invasão e a depredação; Ascasubi (*Santos Vega*, 13) nos põe frente aos olhos as léguas de índios que avançam:

> Pero, al invadir, la indiada
> se siente, porque a la fija
> del campo la sabandija
> juye delante asustada
> y envueltos en la manguiada
> vienen perros cimarrones,
> zorros, avestruces, liones,
> gamas, liebres y venaos
> y cruzan atribulaos
> por entre las poblaciones.[4]
>
> Entonces los ovejeros
> coliando bravos torean
> y también revolotean
> gritando los teruteros;
> pero, eso sí, los primeros
> que anuncian la novedá
> con toda seguridá
> cuando los pampas avanzan

---

3. *Malones* – invasões de índios. (N. do T.)

4. Mas a invasão da indiada / se sente, porque na certa / a sevandija do campo / foge adiante, assustada, / e envoltos na mangueada / vêm os cuscos chimarrões, / raposas, avestruzes, leões, / gamos, lebres e veados / e cruzam, atribulados, / por entre as povoações. (N. do T.)

son los chajases que lanzan
volando: ¡chajá! ¡chajá![5]

Y atrás de esas madrigueras
que los salvajes espantan,
campo afuera se levantan
como nubes, polvaderas
preñadas todas enteras
de pampas[6] desmelenaos
que al trote largo apuraos,
sobre los potros tendidos,
cargan pegando alaridos
y en media luna formaos.[7]

Ascasubi combateu nas guerras civis, na guerra do Brasil, na Grande Guerra do Uruguai, e viu, no curso de sua vida errante, mil coisas; é curioso que a mais vívida de suas páginas descreva, de modo definitivo, algo que nunca presenciou: as invasões dos índios na fronteira da província de Buenos Aires. Não é em vão que a arte é, antes de tudo, uma forma de sonho.

---

5. Então os ovelheiros / rabeando, bravos, ladram / e também revoluteiam / aos gritos os quero-queros; / mas, isso sim, os primeiros / a anunciar a novidade / com toda seguridade / quando os pampas avançam / são os tachãs que lançam, / voando: tachã, tachã! (N. do T.)

6. *Pampas* – índios das planícies platinas. (N. do T.)

7. E por detrás dessas tocas / que os selvagens espantam, / campo afora se levantam / como nuvens, polvadeiras / prenhadas todas inteiras / de pampas escabelados / que ao trote largo apurados, / sobre os potros estendidos, / avançam soltando alaridos / em meia-lua formados. (N. do T.)

Ascasubi, na Paris de 1870, compôs a quase interminável novela metrificada *Santos Vega;* afora algumas páginas famosas, este trabalho singularmente lânguido prejudicou a fama póstuma de seu autor. O melhor de Ascasubi se encontra disperso em *Aniceto el Gallo* e em *Paulino Lucero.* Uma antologia de Ascasubi, tirada de todas as suas obras, seria mais útil à sua glória do que as mecânicas reimpressões de *Santos Vega* em que parecem se comprazer as editoras.

Antes de deixar Ascasubi, lembremos duas de suas décimas vistosas, a primeira dedicada ao coronel Marcelino Sosa, que lutou contra os federalistas, ou *blancos:*

> Mi coronel Marcelino
> valeroso guerrillero
> oriental pecho de acero,
> y corazón diamantino;
> todo invasor asesino,
> todo traidor detestable
> y el rosín mas indomable
> rinden su vida ominosa,
> donde se presenta Sosa
> ¡y a los filos de sua sable![8]

E esta, em que revive um baile da campanha:

---

8. Meu coronel Marcelino / valoroso guerrilheiro, / uruguaio peito de aço / e coração diamantino; / todo invasor assassino, / todo traidor detestável / e o rocim mais indomável / rendem a vida ominosa / lá onde aparece Sosa / e o fio de seu sabre! (N. do T.)

Sacó luego a sua aparcera
la Juana Rosa a bailar
y entraron a menudiar
media caña y caña entera.
¡Ah, china!, si la cadera
del cuerpo se le cortaba,
pues tanto lo mezquinaba
en cada dengue que hacía,
que medio se le perdia
cuando Lucero le entraba.[9]

Mais que gauchesco, o tom de Ascasubi é, às vezes, de *orillero* crioulo, de *orillero* da campanha. Este traço (que prefigura certas rudezas de *Martín Fierro)* o diferencia de seu inspirador Bartolomé Hidalgo, cujo ambiente, apesar de algumas chalaças grosseiras, é de paisanos decentes.

Ascasubi nasceu na província de Córdoba, em 1807, e morreu em Buenos Aires, em 1875. Ricardo Rojas destacou com razão a valentia do homem que, na praça sitiada de Montevidéu, multiplicou impetuosas *payadas* contra Rosas e Oribe; lembremos que nessa cidade outro publicista unitário, Florencio Varela, fundador e redator do *El Comercio del Plata,* foi assassinado pelos *mazorqueros.*[10]

---

9. Tirou logo sua parceria / Juana Rosa a dançar / e entraram a florear / meia-canha e canha inteira / Ah, china, como as cadeiras / do corpo ela requebrava; / tanto ela se esquivava / a cada dengue que fazia, / que quase que se perdia / quando Lucero entrava. (N. do T.)

10. *Mazorqueros* – partidários de Rosas. A Mazorca foi uma sociedade secreta que impôs o regime de Rosas pelo terrorismo. (N. do T.)

Algumas vezes, Hilario Ascasubi, como para indicar sua filiação à poesia de Hidalgo, assinou-se *Jacinto Chano;* Estanislao del Campo, amigo e continuador de Ascasubi, assinou *Anastasio el Pollo,* evidente variação de *Aniceto el Gallo.* Sua obra mais famosa é o *Fausto,* poema que, como os primitivos, poderia prescindir da imprensa, porque continua vivendo em muitas memórias, singularmente de mulheres; o fato é suficiente para sugerir que a índole gauchesca do *Fausto* é menos essencial que formal. Com efeito, de todas as composições que iremos examinar nenhuma ostenta um vocabulário mais deliberadamente rural e nenhuma, talvez, esteja mais distante da mentalidade do paisano. Alguns detratores – Rafael Hernández, irmão de José, talvez tenha sido o primeiro – acusaram Estanislao del Campo de não conhecer o gaúcho. Até o pêlo do cavalo do herói foi examinado e reprovado. Tais censuras implicam um anacronismo. Em mil oitocentos e sessenta e tantos, em Buenos Aires, o difícil não era conhecer o gaúcho, mas ignorá-lo. A campanha se confundia com a cidade e sua plebe era crioula. Além disso, o coronel Estanislao del Campo lutou no cerco de Buenos Aires, em Pavón, em Cepeda e na revolução de 1874; a tropa comandada por ele, e particularmente a cavalaria, era gaúcha. Os erros observados no *Fausto* são distrações, devidas principalmente à desenvoltura de quem trata de um assunto que conhece muito bem e não se demora em verificar detalhes. Talvez Estanislao del Campo não fosse muito hábil em lides rurais, mas não podia ignorar, repetimos, a nada complexa psicologia do gaúcho.

Também foi dito que o argumento de *Fausto* é convencional, pois que um gaúcho não poderia acompanhar os episódios de uma ópera e não lhe toleraria a música. Isso é verdade, mas podemos supor que faz parte da burla geral da obra. Mais importante que algumas metáforas que destoam e que o pêlo do impugnado *overo rosao,* ao qual não se permite ser parelheiro, é a cordialidade do poema. Sua virtude principal está na amizade que o diálogo dos participantes deixa transparecer. Estanislao del Campo deixou também outras composições crioulas; a mais conhecida, *Gobierno gaucho,* propõe reformas análogas às preconizadas em *Martín Fierro.* De uma carta a Hilario Ascasubi, que embarcou para a Europa em 1862, são as seguintes décimas:

> Hasta al Espíritu Santo
> le rogaré por ustedes,
> y a la Virgen de Mercedes
> que los cubra con su manto,
> y Dios permita que en tanto
> vayan por la agua embarcaos,
> no haiga en el cielo ñublaos,
> ni corcovos en las olas,
> ni el barco azoten las colas
> de los morrudos pescaos.[11]

11. Até ao Espírito Santo / eu rogarei por vocês, / e à Virgem das Mercês / que os cubra com seu manto, / e Deus permita que enquanto / forem por água embarcados / não esteja o céu nublado / nem haja corcovos nas ondas, / nem açoitem o barco as caudas / dos peixes morrudos. (N. do T.)

Aquí este triste cantor
sus versos fieros remata
y en el cañuto los ata
de su barco de vapor
No extrañe que ni una flor
vaya en mi pobre *concierto*:
no da rosas el desierto,
ni da claveles el cardo,
ni dio nunca un triste nardo
campo de yuyos cubierto.[12]

Consta-nos que Estanislao del Campo era valente; nas campanhas contra Urquiza vestia o uniforme de gala para entrar na batalha, e saudava, a mão direita no quepe, as primeiras balas. A simpatia de seu trato pessoal perdura em sua obra escrita.

Os poetas cuja obra acabamos de considerar foram chamados precursores de Hernández. Na verdade, nenhum o foi, salvo no comum propósito de dar voz aos gaúchos, com entonação ou léxico campesino. O poeta que estudaremos agora e cuja obra é quase desconhecida nesta margem do Prata foi, muito precisamente, precursor de Hernández, e caberia dizer que não foi outra coisa. Escreve Lugones, na página 189 do *El payador:*

12. Aqui este triste cantor / seus rudes versos remata / e na chaminé os ata / de seu navio a vapor. / Não estranhe que nem uma flor / vá em meu pobre concerto: / não dá rosas o deserto, / nem dá cravos o cardo, / nem deu nunca um triste nardo / campo de joios coberto. (N. do T.)

"*Don* Antonio Lussich, que acabava de escrever um livro elogiado por Hernández, *Los tres gauchos orientales,* trazendo à cena tipos gaúchos da revolução uruguaia chamada *Campanha de Aparício,* deu-lhe, ao que parece, o oportuno estímulo. Do fato de haver-lhe enviado essa obra, resultou que Hernández tivesse a feliz lembrança. A obra do senhor Lussich apareceu editada em Buenos Aires pela *La Tribuna* a 14 de junho de 1872. A carta com que Hernández cumprimentou Lussich, agradecendo-lhe ter enviado o livro, é do dia 20 do mesmo mês e ano. *Martín Fierro* apareceu em dezembro. Garbosos e em geral apropriados à linguagem e às peculiaridades do homem do campo, os versos do senhor Lussich formavam quartetos, redondilhas, décimas e também aquelas sextinas de *payador* que Hernández iria adotar como as mais típicas."

O livro de Lussich, em princípio, é menos uma profecia de *Martín Fierro* que uma repetição, por certo bastante acanhada, dos colóquios de Ramón Contreras e Chano. Três veteranos contam as patriadas que fizeram. Suas narrativas, contudo, não se limitam à notícia histórica e são abundantes em confidências autobiográficas e em queixas patéticas ou indignadas que antecipam, quase verbalmente, *Martín Fierro.* Seu tom não é o de Ascasubi ou o de Hidalgo; é, já, o de Hernández. Este, no *El gaucho Martín Fierro,* dirá:

> Yo llevé un moro de número
> ¡sobressaliente el matucho!,
> con él gané en Ayacucho

más plata que agua bendita.
Siempre el gaucho necesita
un pingo pa fiarle un pucho.[13]

Y cargué sin dar más güeltas
con las prendas que tenia;
jergas, poncho, cuanto había
en casa, tuito lo alcé.[14]
A mi china la dejé
media desnuda ese día.[15]

No me faltaba una guasca;
esa ocasión eché el resto:
bozal, maniador, cabresto,
lazo, bolas y manea.
¡El que hoy tan pobre me vea
tal vez no creerá todo esto![16]

Lussich havia escrito antes:

---

13. Levei um mouro de lei / – de dar inveja, o matungo!, / ganhei, com ele, em Ayacucho, / mais dinheiro que água benta. / Precisa sempre um gaúcho / um pingo pra fiar-lhe um pucho. (Um cavalo em que arriscar seu dinheiro numa carreira que espera ganhar.) (N. do T.)

14. Carreguei, sem mais demora, / co'as prendas que possuía; / xergas, poncho, quanto havia / em casa, tudo levei. (N. do T.)

15. A minha china deixei / quase desnuda esse dia. (N. do T.)

16. Não me faltava uma guasca; / dessa vez levei o resto: / buçal, maneador, cabresto, / laço, bolas e maneia./ Quem tão pobre hoje me veja / Talvez em tudo isto não creia! (N. do T.)

Me alcé con tuito el apero,
freno rico y de coscoja,
riendas nuevitas en hoja
y trensadas con esmero;
una carona de cuero
de vaca, mui bien curtida;
hasta una manta fornida
me truje de entre las carchas,
y aunque el chapiao no es pa marchas
lo chanté al pingo en seguida.[17]

Hice sudar al bolsillo
porque nunca fui tacaño;
traiba un gran poncho de paño
que me alcanzaba al tobillo
y a un machazo cojinillo
pa descansar mi osamenta;
quise pasar la tormenta
guarnecido de hambre y frío
sin dejar del pilcherío
ni una argolla ferrugienta.[18]

---

17. Me alcei com todo o apero, / freio lindo e de coscós, / rédeas novinhas em folha / e trançadas com esmero; / uma carona de couro / de vaca, mui bem curtida; /até uma manta fornida / eu trouxe por entre os trastes, / e mesmo o *chapeado* não sendo pra marchas / taquei no pingo em seguida. (N. do T.)

18. Raspei o fundo do bolso / porque nunca fui tacanho; / trazia um poncho de pano / que alcançava o tornozelo, / e um coxinilho macanudo / pra descansar a ossamenta; / quis passar pela tormenta / ao abrigo de fome e frio, / sem deixar da pilcharia / nem uma argola enferrujada. (N. do T.)

Mis espuelas macumbé,
mi rebenque con virolas,
rico facón, güenas bolas,
manea y bosal saqué.
Dentro el tirador dejé
diez pesos en plata blanca
pa allergarse a cualquier banca
pues al naipe tengo apego,
y a más presumo en el juego
no tener la mano manca.[19]

Copas, fiador y pretal,
estribos y cabezadas
con nuestras armas bordadas,
de la gran Banda Oriental.
No he güelto a ver otro igual
recao tan cumpa y paquete.
¡Ahijuna! encima del flete
como un sol aquello era.
¡Ni recordarlo quisiera!
Pa qué, si es al santo cuete.[20]

---

19. Minhas esporas lustrei, / meu rebenque com virolas, / lindo facão, boas bolas, / maneia e buçal peguei. / No meu tirador deixei / dez pesos em moeda de prata / pra achegar-me a qualquer banca / pois às cartas tenho apego / e ademais creio no jogo / não fazer figura feia. (N. do T.)

20. Copas, fiador e peitoral, / estribos e cabeçadas / com nossas armas bordadas / da grande Banda Oriental. / Nunca mais vi outro igual / arreio tão lindo e paquete. / Ai, cuna, em cima do pingo / como um sol aquilo era. / Nem mesmo lembrar quisera! / Pra que, se nada me adianta. (N. do T.)

Monté un pingo barbiador
como una luz de ligero.
¡Pucha, si pa un entrevero
era cosa superior!
Su cuerpo daba calor
y el erraje que llevaba
como una luna brillaba
al salir tras de una loma.
Yo con orgullo y no es broma
en su lomo me sentaba.[21]

Hernández dirá:

Ansí es que al venir la noche
iba a buscar mi guarida,
pues ande el tigre se anida
también el hombre lo pasa,
y no quería que en las casas
me rodiara la partida.[22]

Lussich havia dito:

Y ha de sobrar monte o sierra
que me abrigue en su guarida,

21. Montei um pingo estreleiro / como uma luz de ligeiro. / Pucha, se pra um entrevero / era coisa superior! / Seu corpo dava calor / e a ferragem que ele usava / tal como a lua brilhava / ao sair de trás de uma lomba. / Eu com orgulho, e não brinco, / no seu lombo me sentava. (N. do T.)

22. Assim que, ao anoitecer, / guarida eu ia buscar, / pois onde o tigre se aninha / o homem pode ficar, / e não queria que nas casas / me cercasse uma patrulha. (N. do T.)

que ande la fiera se anida
también el hombre se encierra.[23]

Lussich prefigura Hernández, mas se Hernández não tivesse escrito *Martín Fierro,* inspirado por ele, a obra de Lussich seria totalmente insignificante e mereceria apenas uma menção passageira nas histórias da literatura uruguaia. Anotemos, antes de passar ao tema principal de nosso livro, este paradoxo, que parece brincar magicamente com o tempo: Lussich cria Hernández, ao menos parcialmente, e é criado por ele. Poder-se-ia dizer, sem provocar tanto assombro, que os diálogos de Lussich são um rascunho ocasional, mas indiscutível, da obra definitiva de Hernández.

---

23. E há de sobrar monte ou serra / que me abrigue em sua guarida, / pois onde vive a fera / também o homem se encerra. (N. do T.)

# José Hernández

Lugones reclamou para *Martín Fierro* o nome de epopéia; esta grandiosa atribuição o obrigava a exaltar Hernández ou a imaginá-lo instrumento de uma inspiração superior. Optou (era o mais razoável) pelo último, e confrontou a excelência do poema com a mediania do poeta. Escreveu no sétimo capítulo de *El payador:* "Hernández ignorou sempre sua importância e não teve talento a não ser naquela ocasião... O poema compõe toda sua vida e, fora dele, nada resta senão o homem inteiramente comum, com as idéias comuns da época". Logo veremos que esse juízo denegridor padece de algum exagero.

Para a biografia de José Hernández, a fonte principal continua sendo o artigo que Rafael Hernández, seu irmão, incluiu na obra *Pehuajó – Nomenclatura de las calles.* A história desse livro é curiosa. Em 1896, a prefeitura de Pehuajó determinou que se desse às ruas e praças da cidade nomes de poetas argentinos; Rafael Hernández, que presidia o Conselho Deliberativo, publicou em um volume as biografias dos homenageados; uma delas é a de José Hernández.

Este nasceu a 10 de novembro de 1834 na chácara dos Pueyrredón, no atual distrito de San Martín, a várias léguas a noroeste de Buenos Aires. A família, pelo lado paterno, era federalista; pelo lado materno (os Pueyrredón) era unitária. Corria por suas veias sangue espanhol, irlandês e francês.

Até completar seis anos, Hernández viveu no distrito de San Martín. Dos seis aos nove, numa quinta em Barracas. Tinha dezoito anos quando o pai, administrador de estâncias, levou-o consigo ao sul da província de Buenos Aires, na época uma região primitiva. Aí, conta-nos seu irmão, "fez-se gaúcho, aprendeu a cavalgar, tomou parte em vários entreveros, rechaçando *malones* dos índios pampas, assistiu às volteadas e presenciou aqueles grandes trabalhos que o pai executava, e de que hoje não se tem idéia". José Hernández, por volta de 1882, lembraria nostalgicamente esses tempos: "Vocês, como eu, terão visto, se cruzaram alguma vez os campos do sul, imensas eguadas alçadas nas quais não havia uma só manada entabulada, que há poucos anos desapareceram completamente. Na época de Rosas havia em alguns campos tantas eguadas ariscas que para cruzar por elas com tropilha era preciso levar um homem à frente, para impedir que fosse arrebatada pelas tropas de éguas que cruzavam disparando ao pressentir gente. Eram animais totalmente selvagens, de seis, oito, dez anos ou mais, que não haviam sentido nunca o domínio do homem. Aí se faziam os domadores ginetes, os possantes boleadores, os pealadores famosos e os hábeis corredores de campo". *(Instrucción del estanciero,* p. 269).

Nove anos viveu Hernández na campanha; em 1853, combateu em Rincón de San Gregorio. Em 1856, está em Buenos Aires exercendo o jornalismo. Depois, sua vida é variada. Entrou para o exército, trabalhou como comerciário, lutou em Cepeda contra sua província natal, atuou na contadoria de Paraná, foi taquígrafo dos corpos legislativos da Confederação e combateu, outra vez ao lado de Urquiza, em Pavón e em Cañada de Gómez.

Em 1863, predisse num jornal o assassinato de Urquiza ("Ali, em San José, em meio aos afagos da sua família, seu sangue há de avermelhar os salões"); sete anos depois, esta profecia se cumpriu, e Hernández lutou, com os jordanistas, na malfadada campanha que terminou com a derrota de Ñaembé. Fugiu, dizem que a pé, para a fronteira do Brasil. Umas palavras reticentes, estampadas no prólogo de *Martín Fierro,* contam que a composição dessa obra o ajudou a afastar o tédio da vida no hotel; Lugones acha que esta referência é a um hotel da Plaza de Mayo, no qual Hernández improvisaria o poema, "entre seus petrechos de conspirador"; outros interpretaram que faz alusão a Santana do Livramento, onde os gaúchos uruguaios e rio-grandenses lhe traziam a lembrança dos gaúchos de Buenos Aires. Algumas locuções próprias da campanha do Uruguai parecem justificar esta conjetura.

Escreve Ricardo Rojas: "Na assembléia legislativa de Buenos Aires, debateu com homens como Leandro Alem e Bernardo de Irigoyen; na política e na imprensa portenhas, com Navarro Viola e Alsina... Serviu à federação de Buenos Aires e à fundação de La Plata... Fez conferências sobre política no teatro Variedades, com uma possante voz de órgão, que os amigos elogiavam". Carlos Olivera confirma: "Sua eloqüência era como um aríete. Tinha o corpo de dois homens, mais ou menos; a voz era pura e potente; parecia um órgão de catedral. E como lhe brotavam as palavras!".

Em 1880, discursou no enterro do amigo e rival Estanislao del Campo, no cemitério do Norte.

Morou algum tempo em Buenos Aires, numa casa da praça que hoje se chama Vicente López.[1]

Seus últimos anos transcorreram numa quinta de Belgrano, que não era então bairro da cidade, mas um povoado à parte. Seu irmão conservou para nós a cena de sua morte: "Por fim, este colosso inclinou a cabeça vigorosa com a debilidade de um menino, a 21 de outubro de 1886, com menos de 52 anos de idade, talvez consumido por uma doença cardíaca; em pleno gozo de suas faculdades até cinco minutos antes de expirar, conhecendo seu estado e dizendo-me: *Irmão, isto está acabado.* Suas últimas palavras foram: *Buenos Aires, Buenos Aires...* e parou".

Já ressaltamos que *Martín Fierro* não esgota a produção de Hernández. Em Buenos Aires fundou o jornal *El Río de la Plata,* no qual formulava assim seu programa político: "Autonomia das localidades; prefeituras eletivas; abolição do contingente de fronteira; elegibilidade dos juízes de paz, dos comandantes militares e dos conselhos escolares". Em 1863, publicou no jornal *El Argentino* de Paraná o folhetim

---

1. Mandou pintar no vestíbulo, por algum pincel tremebundo, o cerco de Paysandu, em que lutou seu irmão Rafael.

*Vida del Chacho*, obra destinada a defender a memória do caudilho riojano[2] Ángel Vicente Peñaloza e a atacar Sarmiento. Em 1880, Dardo Rocha, então governador de Buenos Aires, quis mandar Hernández à Austrália para estudar sistemas agropecuários; Hernández recusou este oferecimento e justificou com o livro *Instrucción del estanciero*, obra de *pioneer*, pois que em uma de suas páginas lemos: "Até agora, o único agrônomo que examinou as pastagens, o único químico que as analisou, é o animal que come o joio; engorda ou morre; e a isso esteve e ainda está limitado o estudo".

Outro parágrafo parece anunciar o *Don Segundo Sombra*:* "É tocando o gado que se prova o conhecimento do homem do campo; sua firmeza para o trabalho; seu empenho para o cumprimento de seus deveres; sua resistência à água, ao frio, ao calor, e, sobretudo, ao sono... Ali se põe um homem à prova. É como o marinheiro na tempestade".

Fora de sua obra principal, as composições poéticas de Hernández são insignificantes. Merece perdurar, contudo, uma descrição gaúcha da famosa tela *Los treinta y tres orientales*, do pintor uruguaio Blanes.

Cabe acrescentar, a título de curiosidade, que Hernández era espírita.

Rafael Hernández, no trabalho que citamos, louva sua memória admirável: "Ditavam-lhe até cem

---

2. *Riojano* – natural de Rioja. (N. do T.)

* Célebre romance regional argentino de Ricardo Güiraldes, 1886-1927. Coleção L&PM Pocket, vol. 55. (N. do T.)

palavras, arbitrárias, que eram escritas longe de suas vistas, e imediatamente as repetia, de trás para diante, de diante para trás, salteadas, e até improvisando versos e discursos, sobre temas propostos, colocando-as na ordem em que haviam sido ditadas. Este era um de seus divertimentos favoritos em sociedade".

Foi dito que José Hernández era partidário de Rosas; Pagés Larraya, no sexto capítulo da obra *Prosas del Martín Fierro* (Buenos Aires, 1952), relutou esta calúnia e pôde citar uma série de testemunhos, saídos da pena do próprio Hernández. Este, em 1869, declarou que Rosas caiu "porque o reinado do despotismo não podia ser eterno" e cinco anos depois censurou os que defendiam Rosas, e escreveu estas palavras: "Tais confusões não só deturpam descaradamente a verdade histórica, como também arrastam os povos americanos a eternas flutuações entre a verdade e o crime, e os levam à admiração e à apoteose de seus próprios carrascos". Por volta de 1884, voltou ao assunto em discurso memorável: "Por vinte anos dominou Rosas esta terra; por vinte anos seus amigos lhe pediram que desse à República uma constituição; por vinte anos Rosas negou a oportunidade de constituir a República; por vinte anos tiranizou, despotizou e ensangüentou o país...".

O servilismo e a crueldade do regime de Rosas estavam próximos demais para que o autor de *Martín Fierro* pudesse defendê-lo; Hernández era federalista, mas não rosista.

Hernández pensou que a imigração estrangeira destruiria nestas províncias a prática da criação de gado, tal como a exerciam os crioulos. Em 1874, escreveu uma carta aos editores da oitava edição de *Martín Fierro:* "Em nossa época, um país cuja riqueza tenha por base a criação de gado, como a província de Buenos Aires e as demais do litoral argentino e uruguaio, pode, não obstante, ser tão respeitável ou tão civilizado como o que é rico pela agricultura, o que o é por suas abundantes minas ou pela perfeição de suas fábricas... A pecuária pode constituir a principal e mais abundante fonte de riqueza de uma nação, e essa sociedade, não obstante, pode ser dotada de instituições como as mais adiantadas do mundo... e pode ter universidades, colégios, um jornalismo farto e ilustrado; uma legislação própria, círculos literários e científicos".

Tais afirmações são discutíveis, mas deixam entrever a convicção crioula de que o trabalho pastoril produz homens valentes e generosos, e a agricultura ou a indústria, homens apoucados e avaros.

Estas e outras idéias ou opiniões de Hernández dão respaldo, de certo modo, ao poema. Pagés Larraya (obra citada, p. 77) baseia-se nele para contradizer Leopoldo Lugones, que julgou que "em nenhuma obra é mais perceptível o fenômeno da criação inconsciente". Em nossa opinião, Lugones estava certo. *Martín Fierro* pode ter sido para Hernández e para os leitores de sua época uma obra de tese, e é verossímil e até provável que não teria existido sem o estímulo de certas convicções. Estas, todavia, não esgotam o valor do poema, que, como todas as obras destinadas à imortalidade, tem raízes profundas e inacessíveis às intenções conscientes do autor. O *Quixote* foi feito para reduzir ao absurdo os romances de cavalaria, mas sabe-se que excede infinitamente esse propósito de paródia. Hernández escreveu para denunciar injustiças locais e temporais, mas em sua obra entraram o mal, o destino e a desventura, que são eternos.

# O gaúcho *Martín Fierro*

Com a batalha de Ayacucho, travada pelos exércitos de Sucre em 1824, consumou-se a Independência da América; meio século depois, em campos da província de Buenos Aires, a Conquista não havia ainda chegado ao fim. Sob as ordens de Catriel, de Pincén ou de Namuncurá os índios invadiam as estâncias dos cristãos e roubavam o gado; mais para além de Junin e do Azul, uma linha de fortins marcava a precária fronteira e tratava de conter essas depredações. O exército desempenhava então uma função penal; a tropa era composta, em grande parte, de malfeitores ou de gaúchos arbitrariamente arrebanhados pelas patrulhas policiais. Esse recrutamento ilegal, como o chamou Lugones, não tinha duração fixa; Hernández escreveu *Martín Fierro* para denunciar esse regime. Propôs-se a comprovar que essas levas eram a ruína da gente da campanha. O protagonista, em princípio, é impessoal; é um gaúcho qualquer ou, de certo modo, é todos os gaúchos. Depois, à medida que Hernández o foi imaginando com maior precisão, este chegou a ser Martín Fierro, o indivíduo Martín Fierro, que conhecemos tão intimamente como talvez não conheçamos a nós mesmos.

O poema se abre com esta estrofe:

Aquí me pongo a cantar
al compás de la vigüela;
que el hombre que lo desvela
una pena estrordinaria
como la ave solitaria
con el cantar se consuela.[1]

Na estrofe seguinte *(Pido a los santos del cielo que ayuden mi pensamiento...)*,[2] Lugones destacou a invocação aos deuses propícios, "que é um costume épico". Acrescentemos que tais invocações (que também aparecem na poesia das nações orientais e cujo emprego foi preconizado por Dante em uma epístola famosa) não são herança automática da *Ilíada;* procedem de uma convicção instintiva de que o poético não é obra da razão, mas o ditado de poderes ocultos.

Toda obra de arte, por realista que seja, postula sempre uma convenção; no *Fausto,* um camponês que compreende e conta uma ópera; em *Martín Fierro*, a ficção de uma longa *payada* autobiográfica, cheia de queixas e de bravatas totalmente alheias à moderação tradicional dos *payadores.* Já que falamos em *Fausto,* cabe destacar também a diferença

1. Aqui me ponho a cantar / ao compasso da viola; / que ao homem a quem desola / uma pena extraordinária / como a ave solitária / com o cantar se consola. (N. do T.)

2. Peço aos santos do céu que me ajudem o pensamento... (N. do T.)

fundamental entre as estrofes iniciais dos dois poemas. Sabe-se que o *Fausto* começa assim:

> En un overo rosao,
> flete nuevo y parejito,
> caia al bajo, al trotecito,
> y lindamente sentao,
> un paisano del Bragao,
> de apelativo Laguna,
> mozo jinetazo, ahijuna,
> como creo que no hay otro,
> capaz de llevar un potro
> a sofrenarlo en la luna.[3]

Estanislao del Campo esbanja festivamente os termos crioulos e a estrofe pode se tornar incompreensível para um leitor espanhol; Hernández, por sua vez, não busca palavras diferenciadas e o crioulismo está na entonação e num par de deformações plebéias. Hernández não finge ser gaúcho para divertir ou divertir-se; Hernández, na primeira estrofe, já é naturalmente um gaúcho.

As palavras *pena estrordinaria* servem para justificar a longa relação que promete. Logo alega sua facilidade de cantor:

---

3. Em um oveiro rosado, / pingo novo e mui lindaço, / vinha descendo, no trote, / e lindamente sentado, / um paisano do Bragado, / que se chamava Laguna, / moço cavalheiro, ai cuna, / como creio não ter outro, / capaz de levar um potro / e sofreá-lo na lua. (N. do T.)

Cantando me he de morir,
cantando me han de enterrar.[4]

Fierro foi arrastado por uma leva, e aí começaram suas desgraças; com emoção elegíaca lembra a antiga felicidade que um dia foi sua. Diz, resumindo sua sorte:

Tuve en mi pago en un tiempo
hijos, hacienda y mujer;

---

4. Cantando hei de morrer, / cantando me hão de enterrar. Lussich, em *Los tres gauchos orientales*, escrevera:

Yo tuve ovejas y hacienda;
caballos, casa y manguera;
mi dicha era verdadera.
¡Hoy se me ha cortado la rienda!

Carchas, majada y querencia
volaron con la patriada,
¡y hasta una vieja enramada
que cayó... supe en mi ausencia!

La guerra se lo comió
y el rastro de lo que jue
será lo que encontraré
cuando al pago caiga yo.

Eu tive ovelhas e gado; / cavalos, casa e mangueira; / satisfação verdadeira. / Hoje tudo se acabou! / Trastes, ovelhas e querência / voaram com a patriada, / até uma velha ramada / que caiu... soube em minha ausência!

Tudo comeu a guerra / e o rastro do que fui / é o que hei de encontrar / quando no pago eu chegar. (N. do T.)

pero empecé a padecer,
me echaron a la frontera,
¡y qué iba a hallar al volver!
Tan sólo hallé la tapera.[5]

Em outras estrofes, declara:

Yo he conocido esta tierra
en que el paisano vivía
y su ranchito tenía
y sus hijos y mujer...
Era una delicia ver
cómo pasaba sus días...[6]

Este se ata las espuelas,
se sale el otro cantando,
uno busca un pellón blando,
éste un lazo, otro un rebenque,
y los pingos relinchando
los llaman dende el palenque.[7]

El gaucho más infeliz
tenía tropilla de un pelo,
no le faltaba un consuelo,

---

5. Tive no pago um dia / filhos, gado e mulher; / mas comecei a sofrer, / me atiraram à fronteira, / e o que acharia ao voltar! / Só encontrei a tapera. (N. do T.)

6. Eu conheci esta terra / onde o paisano vivia, / onde tinha seu ranchinho, / e seus filhos e mulher... / Era uma delícia ver / como passava seus dias... (N. do T.)

7. Este se amarra as esporas, / lá sai o outro cantando, / um procura um bom pelego, / este um laço, outro um rebenque, / e os pingos relinchando / os chamam lá do palanque. (N. do T.)

y andaba la gente lista...
Tendiendo al campo la vista,
sólo vía hacienda y cielo.[8]

Foi dito que José Hernández quis contrapor a vida feliz das estâncias ao tempo de Rosas à deterioração e à desolação de seu tempo, e que essa contraposição é totalmente falsa, porque os gaúchos nunca desfrutaram de semelhante idade de ouro. Caberia responder que sempre exageramos as felicidades que perdemos, e que se o quadro não é fiel à realidade da história, o é sem dúvida à nostalgia e ao desespero do cantor. Há comentadores que viram no verso *No le faltaba un consuelo* uma alusão econômica; nós entendemos que se trata de uma alusão amorosa. Um *consuelo,* aqui, é uma mulher.

Até os elementos da comida são lembrados com carinhosa emoção.

Venia la carne con cuero,
la sabrosa carbonada,
mazamorra bien pisada,
los pasteles y el güen vino...
Pero ha querido el destino
que todo aquello acabara.[9]

---

8. O mais infeliz dos gaúchos / tinha tropilha de um pêlo, / não lhe faltava um consolo, / e andava a gente disposta... / Estendendo a vista ao campo / só se via gado e céu. (N. do T.)

9. Vinha a carne com couro, / a gostosa *carbonada,* / a canjica bem socada, / os pastéis e o bom vinho... / No entanto quis o destino / que tudo aquilo acabasse. (N. do T.)

E o destino, efetivamente, muda de imediato:

> Cantando estaba una vez
> en una gran diversión,
> y aprovechó la ocasión
> como quiso el Juez de Paz:
> se presentó, y ahi no más
> hizo una arriada en montón.[10]

Mandam Fierro para um dos fortins da fronteira. Sabe-se que a obra de Hernández foi julgada um poema épico; das muitas partes que a integram, esta, que trata da vida militar, é a menos épica. Rigores e arbitrariedades, patifarias dos pagadores e dos comandantes, inépcia dos recrutas italianos[11], pagamentos atrasados, castigos corporais, os açoites e o cepo colombiano[12] esgotam o tema destes cantos.

---

10. Cantando estava uma vez, / numa boa diversão, / e aproveitou a ocasião / como quis o juiz de paz: / se apresentou e aí no mais / arreou gente de montão. (N. do T.)

11. O *gringo* ao longo de *Martín Fierro* é motivo de escárnio. Entre o agricultor e o pastor (entre Caim e Abel) o ódio é antigo. No princípio o desdém do gaúcho pelo colono foi o desdém do cavaleiro pelo homem que trabalha na terra, o desdém que o leigo e o incompetente inspiram ao técnico. Depois, à medida que a agricultura tomou o lugar da pecuária, essa relação se inverteu... A xenofobia dos gaúchos não se reduziu a desabafos verbais; a 1º de janeiro de 1873, um homem a quem chamavam Tata Dios reuniu cem gaúchos junto à pedra movediça do Tandil e matou quarenta europeus antes que as autoridades o prendessem e fuzilassem. (N. do T.)

12. "CEPO. Dispositivo para segurar o prisioneiro e martirizá-lo ao mesmo tempo. São duas vigas pesadas (cont.)

Esta ausência do épico tem sua explicação. Hernández queria executar o que hoje chamaríamos um trabalho antimilitarista e isto o forçou a escamotear ou atenuar o heróico, para que os rigores padecidos pelo protagonista não se contaminassem de glória. Assim o *malón*, que nas estrofes de Ascasubi e de Echevarría era épico, não o é nas de Hernández. Ao descrever um combate, insiste no temor inicial do herói, exatamente como o farão os escritores pacifistas da Primeira Guerra Mundial. Fierro luta com um índio; este duelo guerreiro (que Rojas considera um dos mais belos episódios da obra) nos impressiona menos que os seguintes, que se passarão nas tabernas:

> Dios le perdone al salvaje
> las ganas que me tenía...
> Desaté las tres marías
> y lo engatusé a cabriolas...

---

unidas num extremo por dobradiças e fechadas no outro com cadeado. Cada uma tem buracos em forma de semicírculo correspondentes aos da outra, de forma que ao fechar-se o cepo formam círculos; os maiores, para o pescoço, e os outros, para as pernas. O preso fica deitado no chão, seguro pelas pernas ou pelo pescoço." (Santiago M. Lugones, p. 41.) Para substituir esse apetrecho, que costumava faltar nos acampamentos, "se amarravam fortemente as mãos do réu pelos pulsos, estando este sentado no chão com os joelhos encolhidos, passavam-lhe os braços por fora deles, e se colocava um pau ou fuzil debaixo dos joelhos e por cima dos braços". (Francisco I. Castro.) Este era o cepo de campanha ou cepo colombiano. (N. do T.)

Pucha... si no traigo bolas,
me achura el indio ese día.[13]

Era el hijo de un cacique,
sigún yo lo avirigüé.
La verdá del caso jué
que me tuvo apuradazo,
hasta que al fin de un bolazo
del caballo lo bajé.[14]

Ahi no más me tiré al suelo
y lo pisé en las paletas.
Empezó a hacer morisquetas
y a mezquinar la garganta...
Pero yo hice la obra santa
de hacerlo estirar la jeta.[15]

Passam-se assim três anos; um dia começam a pagar à tropa, mas não a Fierro, porque seu nome não está na lista. Fierro entende que nada pode esperar dessa vida e resolve fugir do fortim. Para desertar

---

13. Que Deus perdoe o selvagem / pelas ganas que me tinha... / Desatei as três-marias / e o enganei com cabriolas... / Pucha... Se não trago as bolas / me mata o índio esse dia. (N. do T.)

14. Era o filho de um cacique, / pelo que eu averigüei. / O certo do caso foi / que me trouxe apuradaço / até que, enfim, de um bolaço / do cavalo o derrubei. (N. do T.)

15. Aí no mais apeei / e o pisei nas paletas. / Começou com morisquetas / e a desviar a garganta... / mas eu fiz a obra santa / de mandá-lo pro outro mundo. (N. do T.)

aproveita uma farra do comandante e do juiz de paz, e volta ao seu rancho:

> Volví al cabo de três años
> de tanto sufrir al ñudo,
> resertor, pobre y desnudo
> a procurar suerte nueva,
> y lo mesmo que el peludo
> enderecé pa mi cueva.[16]
>
> No hallé ni rastro del rancho –
> ¡sólo estaba la tapera! –
> Por Cristo, si aquello era
> pa enlutar el corazón.
> ¡Yo juré en esa ocasión
> ser más malo que una fiera![17]
>
> Sólo se oiban los maullidos
> de un gato que se salvó.
> El pobre se guareció
> cerca, en una viscachera.
> Venía como si supiera
> que estaba de güelta yo.[18]

---

16. Voltei ao fim de três anos / de tanto sofrer em vão, / desertor, pobre e desnudo / a procurar sorte nova, / e assim como o tatu / rumei para a minha cova. (N. do T.)

17. Nem rastro eu achei do rancho, / lá só restava a tapera! / Meu Deus, se aquilo não era / de enlutar o coração. / Eu jurei nessa ocasião / ser pior do que uma fera! (N. do T.)

18. Só se escutavam os uivos / de um gato que se salvou. / O pobre se refugiou / por perto, em uma toca. / Vinha como sabendo / que eu estava de volta. (N. do T.)

A mulher se fora embora com outro, os filhos conchavaram-se de peões e trabalham sabe Deus onde. Fierro nunca soube deles durante os longos anos de ausência; ele os perdeu, talvez para sempre, na incomunicabilidade da pobreza desvalida e analfabeta. Resolve então ser um gaúcho foragido; ou melhor, o destino resolveu por ele.

Fierro, que era um paisano decente, respeitado por todos e respeitador, é agora um vagabundo e um desertor. Para a sociedade, é um delinqüente, e esse julgamento geral faz com que o seja, porque todos tendemos a nos parecer com o que pensam de nós. A vida de fronteira, os sofrimentos e a amargura transformaram seu caráter. A isso se junta a influência do álcool, vício então comum na nossa campanha. A bebida o torna brigão. Numa taberna, insulta uma mulher, obriga seu companheiro, um negro, a lutar e brutalmente o assassina num duelo a faca. Escrevemos que o assassina e não que o mata, porque o insultado que se deixa arrastar a uma briga que outro lhe impõe já se está deixando vencer por esse outro. Esta cena, não menos implacável que *La Refalosa*, de Hilario Ascasubi, talvez seja a mais conhecida do poema, e merece a fama que tem. Infelizmente para os argentinos é lida com indulgência ou com admiração e não com horror. A cena termina assim:

> Por fin en una topada,
> con el cuchillo lo alcé,

y como un saco de güesos[19]
contra un cerco lo largué.[20]

Tiró unas cuantas patadas,
y ya cantó pa el carnero.
Nunca me puedo olvidar
la agonía de aquel negro.[21]

En esto la negra vino,
con los ojos como ají,
y empezó la pobre allí
a bramar como una loba.[22]

Yo quise darle una soba
a ver si la hacía callar,
mas pude reflesionar
que era malo en aquel punto,
y por respeto al dijunto
no la quise castigar.[23]

---

19. Um crioulo diria *una bolsa*. Estamos, aqui, diante de um dos espanholismos do poema. Pouco antes, o poeta havia dito: "Pues malicié que aquel *tío*..." (N. do T.)

20. Por fim, em uma topada, / com a faca o levantei, / e como um saco de ossos / contra a cerca o atirei. (N. do T.)

21. Deu umas quantas patadas / e logo foi pro outro mundo. / Nunca posso esquecer / a agonia daquele negro. (N. do T.)

22. Nisto chegou a negra, / trazendo os olhos em fogo, / começando a pobre ali / a bramir como uma loba. (N. do T.)

23. Eu quis lhe dar uma sova, / ver se a fazia calar, / mas pude considerar / que era mau, àquela altura, / e por respeito ao defunto / eu não a quis castigar. (N. do T.)

Limpié el facón en los pastos,
desaté mi redomón,
monté despacio y salí
al tranco pa el cañadón.[24]

Não sabemos se o desejo de "castigar" a mulher do negro é uma brutalidade a mais ou um capricho de bêbado; mais piedoso é imaginar o segundo. O "monté despacio" (montei, sem pressa) do penúltimo verso corresponde ao evidente propósito de não mostrar medo nem remorso.

Esta luta será seguida de outra, em outra taberna. Ao contrário da anterior, abundante em traços circunstanciais, esta é quase abstrata e muito breve; Lugones diz: "O poeta volta a seu verso; mas, para não se repetir num quadro forçosamente análogo, empregara apenas dezoito versos". Talvez seja lícito imaginar que esta outra morte indeterminada significa muitas, e que Hernández preferiu sugeri-las assim.

Martín Fierro se torna foragido e vive a céu aberto, nos restolhais. Um dos traços mais admiráveis do poema é a presença da paisagem, sem descrição direta. No *Fausto* ou em *Don Segundo Sombra,* as muitas descrições parecem alheias à índole do paisano, para quem o céu, por exemplo, só existe como profecia de chuva ou de bom tempo; em *Martín Fierro* o pampa está sugerido, com engenho admirável:

---

24. Limpei o facão nos pastos, / desatei meu redomão, / montei sem pressa e saí / ao tranco, p'ra o canhadão. (N. do T.)

Y en esa hora de la tarde
en que tuito se adormece,
que el mundo dentrar parece
a viver en pura calma,
con las tristezas de su alma
al pajonal enderiece...[25]

Es triste en medio del campo
pasarse noches enteras
contemplando en sus carreras
las estrellas que Diós cría,
sin tener más compañia
que su soledad y las fieras.[26]

Numa dessas noites da planície, a patrulha policial cerca Martín Fierro para prendê-lo pelas mortes que cometeu:

Como a perro cimarrón
me rodiaron entre tantos;
yo me encomendé a los santos
y eché mano a mi facón[27]

---

25. E nessa hora da tarde / em que tudo se adormece, / quando o mundo entrar parece / a viver em pura calma, / com as tristezas de sua alma / para o restolhar se apresse... (N. do T.)

26. É triste em meio ao campo / passar noites inteiras / a contemplar as carreiras / das estrelas que Deus cria, / sem ter outra companhia / que a solidão e as feras. (N. do T.)

27. Como a cusco chimarrão / me cercaram entre tantos; / eu me encomendei aos santos / e saquei do meu facão. (N. do T.)

A luta é travada na escuridão; Fierro, que defende a própria vida, combate com um desespero que os outros não têm, e mata ou fere muitos agressores; esta coragem impressiona o sargento que comanda a patrulha que, incrivelmente para nós, se põe ao lado do malfeitor e luta contra seus próprios soldados. Tomou essa decisão porque nestas terras o indivíduo nunca se sentiu identificado com o Estado. Tal individualismo pode ser uma herança espanhola. Lembremos aquele significativo capítulo do *Quixote* em que este liberta os prisioneiros e diz que "não é justo que os homens honrados sejam carrascos dos outros homens, sem nada ganharem com isso".

> Tal vez en el corazón
> lo tocó un santo bendito
> a un gaucho que pegó el grito
> y dijo – Cruz no consiente
> que se cometa el delito
> de matar ansí un valiente![28]
>
> Y ahi no más se me apario,
> dentrandole a la partida.
> Yo les hice otra embestida,
> pues entre dos era robo;
> y el Cruz era como lobo,
> que defiende su guarida...[29]

---

28. Talvez que o coração / tocou um santo bendito / de um gaúcho que pregou o grito / e disse – Cruz, não consente / que se cometa o delito / de assim matar um valente! (N. do T.)

29. E já se me emparelhou, / entrando pela patrulha. / Eu lhes fiz outra investida, / pois entre dois era roubo; / e Cruz era como lobo, / quando defende a guarida... (N. do T.)

Ahi quedaban largo a largo
los que estiraron la jeta;
otro iba como maleta,
y Cruz de atrás les decía:
– Que venga otra polecía
a llevarlos en carreta.[30]

Yo junté las osamentas,
me hinqué y los recé un bendito;
hice una cruz de un palito,
y pedi a mi Dios clemente
me perdonara el delito
de haber muerto tanta gente.[31]

Cruz lhe conta sua história, que (como observou Juan Maria Torres) é a mesma de Fierro; também matou dois homens; um deles, um cantor que o provocou:

No ha de haber achocao otro:
le salió caro la broma.
A su amigo cuando toma
se le despeja el sentido,
y el pobrecito había sido
como carne de paloma.[32]

---

30. Jaziam ali estirados / os que já tinham morrido; / outro ia qual maleta, / e Cruz de trás lhes gritava: / Que venha outra polícia / p'ra levá-los de carreta. (N. do T.)

31. Juntei as ossamentas, / rezando, me pus de joelhos; / de uma varinha fiz cruz / e pedi a Deus clemente / me perdoasse o delito / de ter matado tanta gente. (N. do T.)

32. Não terá provocado outro, / pois saiu-lhe cara a troça. / Este amigo quando bebe / mais se lhe aclara o sentido, / e o coitado tinha sido / mui frouxo, pobre infeliz. (N. do T.)

Para prestar un socorro
las mujeres no son lerdas:
antes que la sangre pierda
lo arrimaron a unas pipas.
Ahi lo dejé con las tripas
como pa que hiciera cuerdas.[33]

Hernández, nesta parte do poema, esquece que Cruz, em meio ao campo, está contando estas coisas a Fierro e o faz gabar-se de sua facilidade em dizê-las em versos...[34]

Trocadas estas confidências, os amigos resolvem atravessar o deserto e se refugiar entre os índios. Diz Martín Fierro:

Yo veo que somos los dos
astillas del mesmo palo:
yo paso por gaucho malo
y usté anda del mesmo modo;
y yo, pa acabarlo todo,
a los indios me refalo.[35]

Allá no hay que trabajar,
vive uno como un señor;
de cuando en cuando un malón;

33. Para prestar um socorro / as mulheres não são lerdas. / antes do sangue perder / o encostaram a umas pipas. / Ali o deixei com as tripas / como p'ra cordas fazer. (N. do T.)

34. Veja-se a estrofe que começa: *A otros le brotan las coplas* (A outros lhes brotam as coplas).

35. Vejo que somos os dois / lascas do mesmo pau: / passo por gaúcho mau / e o senhor do mesmo modo; / e p'ra acabar com tudo / rumo aos índios eu me escapo. (N. do T.)

y si de él sale con vida,
lo pasa echao panza arriba
mirando dar güelta el sol.[36]

Y ya que a juerza de golpes
la suerte nos dejó a flús,
puede que allá veamos luz
y se acaben nuestras penas.
Todas las tierras son güenas:
vámosnos, amigo Cruz.[37]

Estas palavras são explícitas e sua intenção é clara; o serviço militar na fronteira fez de Fierro um vagabundo, logo um criminoso e depois um foragido que se afasta da vida civilizada e procura amparo entre os bárbaros. Ricardo Rojas, no entanto, nos propõe em sua *Literatura argentina* esta interpretação singular: "Um instintivo protesto anárquico parece agitar-se na dramática autobiografia de Cruz (X, XI e XII) ou nas melancólicas reflexões de Fierro (XIII); mas, se observarmos bem, há nas palavras dos dois amigos uma rebelião sacrossanta. Se protestam contra aquela organização, é porque sonham com outra melhor...".

Cruz e Fierro adentram a planície e sentimos que se perdem. Para os argentinos, talvez não haja

36. Lá não há que trabalhar, / vive-se como um senhor; / de quando em vez um *malón*; / e se a gente sai com vida, / é se atirar, pança arriba, / olhando pro sol girar. (N. do T.)

37. E já que à força de golpes / a sorte nos deixou tão mal, / pode que além haja luz / e se acabem nossas penas. / Todas as terras são boas: / – vamo-nos, amigo Cruz (N. do T.)

em toda a literatura estrofes mais inesgotavelmente comovedoras que as seguintes:

> Cruz y Fierro de una estancia
> una tropilla se arriaron;
> por delante se la echaron
> como criollos entendidos,
> y pronto sin ser sentidos
> por la frontera cruzaron.[38]
>
> Y cuando la habían pasao,
> una madrugada clara,
> le dijo Cruz que mirara
> las últimas poblaciones,
> y a Fierro dos lagrimones
> le rodaron por la cara.[39]

Estas duas lágrimas silenciosas choradas ao amanhecer, no início da travessia do deserto, impressionaram mais que um lamento. A obra, como o *Paraíso perdido*, termina com duas figuras que se afastam e se desvanecem rumo a um destino incerto. A segunda parte, escrita muitos anos depois, nos revelará qual foi sua sorte.

---

38. Cruz e Fierro de uma estância / uma tropilha arrebanharam / e por diante a repontaram / qual crioulos entendidos, / e sem serem pressentidos / pela fronteira cruzaram. (N. do T.)

39. E quando a haviam passado, / numa madrugada clara, / disse-lhe Cruz que mirasse / as últimas povoações, / e a Fierro dois lagrimões / lhe rolaram pela cara. (N. do T.)

# A volta de *Martín Fierro*

Não há livro duradouro que não inclua o sobrenatural. Em *Martín Fierro,* como no *Quixote,* esse elemento mágico é fornecido pela relação do autor com a obra. Nas estrofes finais da primeira parte aparece um cantor, que obviamente representa Hernández e que quebra o violão que acompanhou a história de Fierro:

> Ruempo, dijo, la guitarra
> pa no volverme a tentar.
> Ninguno la ha de tocar,
> por siguro tenganló;
> pues naides ha de cantar
> cuanto este gaucho cantó.[1]

Estas palavras parecem indicar o propósito de não retomar a narrativa. No entanto, lemos pouco depois:

> Y siguiendo el fiel del rumbo,
> se entraron en el desierto.
> No sé si los habrán muerto

1. Quebro – disse – a guitarra / para não mais me tentar. / Ninguém a há de tocar, / isso tenham por certo; / pois ninguém há de cantar / o que este gaúcho cantou. (N. do T.)

en alguna correría;
pero espero que algún día
sabré de ellos algo cierto.[2]

Palavras que sugerem que o autor prosseguirá a história.

*El gaucho Martín Fierro* foi publicado no final de 1872. Ao cabo de sete anos, tinham-se esgotado, na República Argentina e no Uruguai, onze edições do poema, ou seja, 48 mil exemplares, cifra enorme para a época. Em 1879, apareceu *La vuelta de Martín Fierro.* No prólogo, Hernández explica que o público lhe deu este nome muito antes de ele ter pensado em escrevê-lo.

No manuscrito, dizia a estrofe inicial:

Atención pido al silencio
y silencio a la atención
que voy en esta ocasión,
si me ayuda la memoria,
a contarles de mi historia
la triste continuación.[3]

Hernández modificou os dois últimos versos, tão nobres, que agora se lêem assim:

---

2. E segundo o rumo marcado, / entraram pelo deserto. / Não sei se os terão matado / em alguma correria; / mas eu espero algum dia / saber deles algo certo. (N. do T.)

3. Atenção peço ao silêncio / e silêncio à atenção / porque vou nesta ocasião, / se me ajudar a memória, / contar-lhes da minha história / a triste continuação. (N. do T.)

a mostrarles que a mi historia
le faltaba lo mejor.[4]

Na versão definitiva há um tom de propaganda comercial. Lugones aprovou essa modificação.

A segunda estrofe é admirável:

Viene uno como dormido
cuando vuelve del desierto.
Veré si a explicarme acierto
entre gente tan bizarra,
y si al sentir la guitarra
de mi sueño me dispierto.[5]

Aqui o cantor é Martín Fierro, mas logo, sem deixar de sê-lo, é também Hernández, que pensa na própria glória e diz coisas que não diria o *payador*:

Aquí no hay imitación,
esta es pura realidá.[6]

Más que yo y cuantos me oigan,
más que las cosas que tratan,
más que los que ellos relatan,

---

4. Mostrar que da minha história / ainda faltava o melhor. (N. do T.)

5. A gente vem meio zonza / quando volta do deserto. / Verei se explicar-me acerto / entre gente tão bizarra, / e se, ao ouvir a guitarra, / de meu sono me desperto. (N. do T.)

6. Aqui não há imitação, / esta é pura realidade (N. do T.)

mis cantos han de durar.
Mucho ha habido que mascar
para echar esta bravata.[7]

Outros versos parecem aludir a Estanislao del Campo:

Yo he conocido cantores
que era un gusto el escuchar;
mas no quieren opinar
y se divierten cantando;
pero yo canto opinando,
que es mi modo de cantar.[8]

Os dois amigos atravessam o deserto e chegam a umas *tolderías*[9] do oeste da província *(Derecho ande el sol se esconde / tierra adentro hay que tirar)*[10]. Mas os índios estão tramando uma invasão e os tomam por espiões. Um cacique os salva da morte, mas ficam no acampamento como prisioneiros. E assim se passam os anos.

---

7. Mais que eu e quantos me ouçam, / mais que as coisas de que tratam, / mais do que eles relatam, / meus cantos hão de durar. / Muito tive de mascar / pra soltar esta bravata. (N. do T.)

8. Eu conheci cantores / que dava gosto escutar; / mas não querem opinar / e se divertem cantando; / eu, porém, canto opinando, / que é meu modo de cantar. (N. do T.)

9. *Tolderías* – acampamentos de índios americanos. (N do T.)

10. Para onde o sol se esconde / terra adentro há que rumar. (N. do T.)

O mundo pastoril que a primeira parte nos mostrou era – quem o duvida? – duríssimo; mas o poeta, nesta continuação, consegue a proeza de mostrar-nos outro que o supera quase infinitamente em ferocidade e em certo caráter diabólico. Isso é mostrado por um acúmulo de traços significativos que sugerem uma sombria loucura:

> Parece un baile de fieras,
> sigún yo me lo imagino.
> Era inmenso el remolino,
> las voces aterradoras,
> hasta que al fin de dos horas
> se aplacó aquel torbellino.[11]

Basta também que um dos índios grite alguma coisa para que os outros a repitam, interminavelmente:

> Allí estaban vigilantes
> cuidándonos a porfía;
> cuando roncar parecían,
> *Huaincá* gritaba qualquiera
> y toda la fila entera
> *Huaincá* – *Huaincá* repetia.[12]

---

11. Parece um baile de feras, / segundo eu o imagino. / Era imenso o remoinho, / as vozes aterradoras, / até que após duas horas / aplacou-se o torvelinho. (N. do T.)

12. Ali estavam vigilantes, / cuidando-nos à porfia; / quando roncar pareciam, / *Huaincá um* deles gritava / e a fila toda inteira / *Huaincá – Huaincá* repetia. (N. do T.)

Hudson conta que o cheiro dos índios enlouquecia os cavalos dos cristãos; essa característica parece confirmar que havia naqueles algo de fera. Uma epidemia de varíola negra dizima a tribo; os cruéis remédios dos feiticeiros contribuem para agravá-la.

Allí soporta el paciente
las terribles curaciones;
pues a golpes y estrujones
son los remedios aquellos;
lo agarran de los cabellos
y le arrancan los mechones...

A otros le cuecen la boca
aunque de dolores cruja;
lo agarran allí e lo estrujan,
labios le queman e dientes
con un güevo bien caliente
de alguna gallina bruja.[13]

Talvez haja por trás destes impiedosos remédios idéias de culpa e de expiação.

Ocorre aqui um episódio de laconismo patético:

Había un gringuito cautivo,
que siempre hablaba del barco,

---

13. Ali suporta o paciente / aquelas terríveis curas; / pois a golpes e apertões / são os remédios aqueles; / o agarram pelos cabelos / e lhe arrancam as mechas ... / De outros cozem a boca / ainda que gema de dores / o agarram ali e o apertam, / queimam-lhe lábios e dentes / usando um ovo bem quente / de alguma galinha bruxa. (N. do T.)

y lo augaron en un charco
por causante de la peste;
tenía los ojos celestes
como potrillito zarco.

Que le dieran esa muerte
dispuso una china vieja;
y aunque se aflige y se queja,
es inutil que resista.[14]
Ponía el infeliz la vista
como la pone la oveja.[15]

A ovelha não bale quando é morta; revira os olhos.[16]

---

14. Tinha um gringuinho cativo / a falar sempre do barco, / e o afogaram num charco / por ser causador da peste; / tinha os olhos azuis / como um potrilho *zarco.* / Que o matassem assim / impôs uma china velha; / e embora se aflija e se queixe, / é inútil que resista. (N. do T.)

15. Tinha o infeliz o olhar / como se fosse uma ovelha. (N. do T.)

16. A piedade que provoca a menção do gringuinho cativo e sua comparação com um potrinho mostram que se trata de um menino, cuja inocência o torna ainda mais patético. Era natural que o navio em que os pais o haviam trazido o tivesse impressionado muito. Tudo isto é evidente, mas Tiscornia comentou assim o último verso: "Ou seja, que o desventurado marinheiro revirava os olhos". Não menos caprichosa é a interpretação do verso 2170: *y un plumaje como tabla.* Santiago M. Lugones e Rossi entendem corretamente: "liso, parelho". Tiscornia, firme no propósito de hispanizar *Martín Fierro,* comenta: "Quer dizer formoso pela variedade das cores, tomando *tabla* na velha acepção que emprega Covarrubias: *llamamos tabla a una pintura, por estar pintada en la tabla.*" (Tesoro, 11, fol. 181 r.) (Damos a uma pintura o nome de *tabla,* por estar pintada numa tábua).

Morre o cacique que protegia Fierro e Cruz, e depois morre Cruz. Fierro conta sua morte com uma espécie de pudor; como se não quisesse que essas horas terríveis revivessem na memória:

> De rodillas a su lado,
> yo lo encomendé a Jesús.
> Faltó a mis ojos la luz;
> tuve un terrible desmayo;
> cai como herido del rayo
> quando le vi muerto a Cruz.[17]

Durante a agonia, Cruz lhe recomenda um filhinho, abandonado:

> Me recomendó un hijito
> que en su pago había dejado:
> "Ha quedado abandonado",
> me dijo, "aquel pobrecito".[18]

Típico da rudeza daqueles homens é o fato de nunca ter-lhe falado do filho.

Chegamos, agora, a uma das cenas inesquecíveis. Fierro está meditando junto à sepultura de Cruz, e o vento lhe traz uns lamentos. Sai em socorro e encontra uma mulher cristã com as mãos amar-

---

17. De joelhos a seu lado, / o encomendei a Jesus. / Faltou-me aos olhos a luz; / tive um terrível desmaio; / caí como ferido de raio / quando vi morto Cruz. (N. do T.)

18. Me recomendou um filhinho / que no pago havia deixado: / "lá ficou abandonado", / me disse, "aquele infeliz". (N. do T.)

radas. No chão, está caído um menino morto. Um índio a castiga com um rebenque, e o rebenque está ensangüentado. A mulher lhe explicará, depois, que é uma prisioneira, que o índio acusou de bruxaria e degolou seu filho:

> Ese bárbaro inhumano
> (sollozando me lo dijo)
> me amarró luego las manos
> con las tripitas de mi hijo.[19]

Fierro e o índio se olham e não precisam de palavras:

> Yo no sé lo que pasó
> en mi pecho en ese instante.
> Estaba el indio arrogante,
> con una cara feroz.
> Para entendermos los dos
> la mirada fue bastante.[20]

Silenciosa, tem início a luta terrível. Fierro maneja a faca; o índio, as boleadeiras de pedra.[21]

---

19. Esse bárbaro desumano / (soluçando ela me disse) / amarrou as minhas mãos / co'as tripinhas de meu filho. (N. do T.)

20. Não sei o que se passou / no meu peito nesse instante. / Estava o índio arrogante, / com uma cara feroz. / Para os dois nos entendermos / o olhar já foi bastante. (N. do T.)

21. Nos últimos anos do século 19, Guilhermo Hoyo, mais conhecido por *Hormiga Negra* (Formiga Negra), foragido do distrito de San Nicolás, lutava (segundo testemunho de Eduardo Gutiérrez) com boleadeiras e faca.

Fierro, enquanto luta, pensa que, se Cruz estivesse ali, ele não se preocuparia:

> Entre dos, no digo a un pampa:
> a la tribu si se ofrece.[22]

Os dois se olham, vigiando-se imóveis, e essa tensão não é menos dramática que o entrevero. Fierro investe contra o índio; o índio recua; Fierro, ao avançar, se enreda no chiripá e cai estirado no chão.

O índio se atira sobre ele e já está por matá-lo, quando a mulher lhe dá um puxão e o tira de cima. (Este episódio será clássico nos filmes de faroeste.) Continuam lutando e o índio, ao recuar, resvala no cadáver do menino. Fierro, então, fere-o no corpo e na cabeça; o sangue o cega e da garganta lhe sai uma espécie de uivo. E depois:

> Al fin de tanto lidiar,
> en el cuchillo lo alcé;
> en peso lo levanté
> a aquel hijo del desierto;
> ensartado lo llevé.
> Y allá recién lo largué.
> cuando ya lo sentí muerto.[23]

---

22. Entre dois, não digo a um pampa: / à tribo, se me aparece. (N. do T.)

23. Ao fim de tanto lutar, / com a faca eu o alcei; / inteirinho o levantei, / aquele filho do deserto; / espetado o carreguei / e só lá adiante o larguei / quando vi que estava morto. (N. do T.)

Fierro e a mulher dão graças a Deus. O canto termina assim:

> Se alzó con pausa de leona[24]
> cuando acabó de implorar;
> y sin dejar de llorar,
> envolvió en unos trapitos
> los pedazos de su hijito
> que yo le ajudé a juntar.[25]

Morto o índio, Fierro e a mulher têm de fugir da *toldería*. Fierro dá seu cavalo à mulher e toma o do morto:

> Yo me senté al del pampa.
> Era un escuro tapao.
> Cuando me hallo bien montao,
> de mis casillas me salgo;
> y era un pingo como galgo,
> que sabia correr boliao.[26]

---

24. É inevitável, aqui, a lembrança do Sordello dantesco:

> ... solo sguardando
> a guisa di leon quando si posa.
> (Purgatorio, VI, 65-66.)

25. Ergueu-se com ar de leoa / quando acabou de implorar; / e sem deixar de chorar, / envolveu em uns trapinhos / os restos de seu filhinho / que eu ajudei a juntar. (N. do T.)

26. Eu montei no do pampa / Era um escuro tapado. / Quando me acho bem montado, / fico fora de mim; / e era um pingo como galgo / que sabia correr boleado. (N. do T.)

Escondem num restolhal o cadáver do índio, para ter vantagem no tempo que os outros levarão até encontrá-lo. Os dois, sofrendo privações de todo tipo – por vezes comem carne crua, e outras se sustentam com raízes –, atravessam o deserto e, finalmente, chegam às primeiras estâncias:

> Después de mucho sufrir
> tan peligrosa inquietú,
> alcanzamos con salú
> a divisar una sierra,
> y al fin pisamos la tierra
> en donde crece el ombú.[27]
>
> Nueva pena sintió el pecho
> por Cruz en aquel paraje;
> y en humilde vasallaje
> a la Majestá infinita,
> besé esta tierra bendita,
> que ya no pisa el salvaje.[28]

Um problema inquietou curiosamente os críticos da obra. Ocultaram as noites do deserto uma trégua amorosa? Lugones é de opinião que não, porque "a generosidade do paladino ignora estas complicações passionais"; Rojas entende que talvez tenha

---

27. Depois de muito sofrer / tão perigosa inquietude, / conseguimos com saúde / pôr os olhos numa serra, / e afinal pisar a terra / onde cresce o umbu. (N. do T.)

28. Nova dor sentiu o peito / por Cruz, naquelas paragens; / e em humilde vassalagem / à Majestade infinita, / beijei a terra bendita, / que já não pisa o selvagem. (N. do T.)

acontecido alguma coisa, mas que Hernández foi muito discreto.

Fierro se despede dessa companheira eventual, na primeira estância que encontram. Passaram-se muitos anos; três no fortim, dois como desertor e foragido, e cinco nas *tolderías,* perfazem dez. O juiz que perseguia Fierro já morreu; os obscuros crimes deste foram esquecidos pela Justiça. Fierro concorre a umas carreiras e...

> No faltaba, ya se entiende,
> en aquel gauchaje inmenso,
> muchos que y conocían
> la historia de Martín Fierro.[29]

Isto nos lembra os personagens da segunda parte do *Quixote* que tinham lido a primeira.

Entre essa multidão encontram-se os filhos de Martín Fierro, cuidando de uns cavalos. Custam a reconhecê-lo, porque está muito velho e com aparência de índio. Contam-lhe que sua mulher morreu num hospital de indigentes.

Hernández acha que este encontro do herói com pessoas que para nós quase não existem não pode ser comovedor, e livra-se dele em poucos e apressados versos:

> La junción de los abrazos,
> de los llantos y los besos
> se deja pa las mujeres,

---

29. Não faltava, já se entende, / na imensa gauchada / muitos que já conheciam / a história de Martín Fierro. (N. do T.)

como que entienden el juego;
pero el hombre, que compriende
que todos hacen lo mesmo,
en público canta y baila,
abraza y llora en secreto.[30]

Vislumbra-se, talvez, uma censura lateral aos efusivos gaúchos de Estanislao del Campo, sobre os quais Rafael Hernández escrevia em seu livro sobre Pehuajó que mais pareciam gringos do bairro da Boca do que gaúchos. Os filhos de Fierro, além disso, não têm traços individuais; são pretextos ou conveniências para narrar coisas da campanha, e assim os considera o autor.

O pai voltou do deserto; o filho mais velho, desse deserto artificial, obra dos homens, que é uma cela de cadeia. Fierro dissera:

Privado de tantos bienes
y perdido en tierra ajena,
parece que se encadena
el tiempo y que no pasara,
como si el sol se parara
a contemplar tanta pena.[31]

---

30. A função dos abraços, / das lágrimas e dos beijos / se deixa para as mulheres, / como que entendem a farsa; / mas o homem, que compreende / que todos fazem o mesmo, / em público canta e dança, / abraça e chora em segredo. (N. do T.)

31. Privado de tantos bens / e perdido em terra alheia, / parece que se encadeia / o tempo, e que não passa, / como se o sol parasse / a contemplar tanta pena. (N. do T.)

Seu filho diz agora:

No sé el tiempo que corrió
en aquella sepoltura.
Si de ajuera no lo apuran,
el asunto va con pausa:
tienen la presa sigura
y dejan dormir la causa.[32]

Não sabe quanto tempo esteve preso e nos confessa esta circunstância patética:

En mi madre, en mis hermanos,
en todo pensaba yo.
Al hombre que allí dentró
de memoria más ingrata,
fielmente se le retrata
todo cuanto ajuera vio.[33]

O segundo filho de Fierro conta sua história. Por vezes fala menos como paisano do que como *compadrito*[34] letrado:

32. Não sei que tempo passou / lá naquela sepultura. / Se de fora não o apuram, / o assunto vai com pausa: / têm a presa segura / e deixam dormir a causa. (N. do T.)

33. Em minha mãe, em meus irmãos, / em tudo pensava eu. / Ao homem que ali entrou / de memória mais ingrata, / fielmente se retrata / o que fora presenciou. (N. do T.)

34. *Compadrito* – Tipo dos arrabaldes de Buenos Aires, amaneirado e arrogante. (N. do T.)

El que vive de ese modo,
de todos es tributario;
falta el cabeza primario,
y los hijos que él sustenta
se dispersan como cuentas
cuando se corta el rosario.[35]

Uma tia que o acolhe faz dele seu herdeiro; quando ela morre, o juiz lhe diz que não pode entregar os bens até completar trinta anos e ser maior de idade. (A maioridade é aos vinte anos, mas o rapaz não sabe disso.) O juiz o confia à tutela de um senhor, que cuidará dele e o educará. Esse senhor é o velho Vizcacha:

Me llevó consigo un viejo
que pronto mostró la hilacha.
Dejaba ver por la facha
que era medio cimarrón
muy renegao, mui ladrón,
y le llamaban Vizcacha.[36]

Vizcacha é, depois de Martín Fierro, o personagem mais famoso da obra. Na imaginação popular, é também "o Sancho da nossa campanha", como o

---

35. O que vive desse modo, / de todos é tributário; / falta o cabeça primário / e os filhos que ele sustenta / se dispersam como contas / quando se parte o rosário. (N. do T.)

36. Me levou consigo um velho / que logo mostrou quem era. / Deixava ver pela cara / que era meio chimarrão / mui renegado e ladrão, / e o chamavam Vizcacha. (N. do T.)

define Lugones, que também diz dele: "É nosso tipo proverbial por excelência. Não é o caso de transcrever seu retrato e seus conselhos, que todos sabemos de memória". Deveríamos acrescentar que os conselhos são parte do retrato e não deveriam ser outra coisa; nós, argentinos, os ouvimos e aprendemos demais, sobretudo o que diz:

> Hacéte amigo del juez,
> no le dés de que quejarse;
> y cuando quiera enojarse,
> vos te debés encojer,
> pues siempre es güeno tener
> palenque ande ir a rascarse.[37]

É lamentável que estes conselhos para muita gente esgotem o poema e apaguem tantas outras páginas nobres.

Vizcacha é muito mais que um personagem cômico, um Sancho; é também um homem impiedoso, um avaro de coisas inúteis, de guascas, latas de sardinhas e argolas, um homem que ao morrer treme quando vê uma relíquia e clama ao Diabo para que o leve ao inferno, um tirano que não permite ao filho de Fierro entrar em seu rancho:

> Después de las trasnochadas
> allí venia a descansar.
> Yo deseaba aviriguar

37. Faze-te amigo do juiz, / não lhe dês do que queixar-se; / e quando quiser irritar-se, / tu te deves encolher, / pois é bom sempre se ter / palanque em que se coçar. (N. do T.)

lo que tuviera escondido;
pero nunca había podido,
pues no me dejaba entrar.[38]

Yo tenia unas jergas viejas,
que habían sido más peludas;
y con mis carnes desnudas,
el viejo, que era una fiera,
me echaba a dormir ajuera
con unas heladas crudas.[39]

Vive e morre entre cães:

Andaba rodiao de perros
que eran todo su placer;
jamás dejó de tener
menos de media docena.
Mataba vacas ajenas
para darles de comer...[40]

Cuando ya no pudo hablar,
le até en la mano un cencerro,
y al ver cercano su entierro,

---

38. Depois das tresnoitadas / vinha ali pra descansar. / Eu queria averiguar / o que ele tinha escondido; / mas nunca tinha podido, / pois não me deixava entrar. (N. do T.)

39. Eu tinha umas xergas velhas, / que já foram mais peludas; / e com minhas carnes desnudas, / o velho, que era uma fera, / me punha a dormir na rua / sob as geadas cruas. (N. do T.)

40. Andava rodeado de cães / que eram todo seu prazer; / jamais deixou de ter / menos de meia dúzia. / Matava vacas alheias / para lhes dar de comer... (N. do T.)

arañando las paredes
expiró allí entre los perros
y este servidor de ustedes.[41]

Morto, um dos cachorros lhe come a mão:

Y me ha contado además
el gaucho que hizo el entierro
(al recordarlo me aterro,
me da pavor el asunto),
que la mano del dijunto
se la había comido un perro.[42]

Este episódio é inverossímil e talvez inacreditável. Os personagens da literatura costumam ser maiores na imaginação das pessoas do que nos textos originais; com Vizcacha aconteceu o contrário; o homem do poema é mais complexo e mais cruel que o velhaco vulgar da mitologia corrente. Lugones, após compará-lo a Sancho, observa com muita justiça que Hernández supera em naturalidade o autor do *Quixote*, "ainda que suprima o recurso literário da oposição simétrica".

Vizcacha sobrevive de maneira atroz nos pesadelos do pobre rapaz a quem maltratou:

---

41. Quando já não pôde falar / atei-lhe à mão um cincerro, / e ao ver perto seu enterro, / a arranhar as paredes / expirou entre os cachorros / e este vosso servidor. (N. do T.)

42. E me contou além disso / o gaúcho que o enterrou / (ao recordá-lo me aterro, / me dá pavor o assunto), / que uma das mãos do defunto / a havia comido um cão. (N. do T.)

Por mucho tiempo no pude
saber lo que me pasaba.
Los trapitos con que andaba
eran puras hojarascas.
Todas las noches soñaba
con viejos, perros y guascas.[43]

Fierro e seus filhos continuam celebrando com alegria a festa de seu encontro, e nisso chega à reunião um rapaz que diz chamar-se *Picardía* e que pede licença para contar sua história, fazendo-se acompanhar do violão. Picardía conta suas aventuras pelas províncias de Buenos Aires e Santa Fé e confessa ter exercido o mau ofício de jogador. Narra também suas andanças pela fronteira, e, nesta parte da narrativa, há passagens inesquecíveis, como aquela do comandante que diz a um paisano que vai ser recrutado pelo exército:

Vos, porque sos ecetuao,
ya te querés sulevar.[44]

Picardía não sabe quem é seu pai, mas finalmente descobre: é o sargento Cruz. Picardía canta estas coisas e, quando termina, outro personagem, um negro, lhe pede o violão.

---

43. Por muito tempo não pude / saber o que me passava. / Os trapos com que eu andava / não eram mais que farrapos. / Todas as noites sonhava / com velhos, cuscos e guascas. (N. do T.)

44. Tu, porque foste dispensado / já te queres sublevar. (N. do T.)

Se sentó con toda calma,
echó mano al estrumento
y ya le pegó un ragido:
era fantástico el negro;
y para no dejar dudas,
medio se compuso el pecho.[45]

Todo el mundo conoció
la intención de aquel moreno:
era claro el desafío
dirigido a Martín Fierro,
hecho con toda arrogancia,
de un modo muy altanero.[46]

Aqui nos espera um dos episódios mais dramáticos e complexos da obra que estamos estudando. Há em todo ele uma singular gravidade e está como que saturado de destino. Trata-se de uma *payada* de contraponto, porque assim como o cenário de *Hamlet* encerra outro cenário, e o longo sonho das *Mil e uma noites,* outros sonhos menores, *Martín Fierro,* que é uma *payada,* encerra outras. Esta é, de todas, a mais memorável.

Rojas interpretou literalmente a palavra *fantástica* e viu no negro algo assim como a voz da cons-

---

45. Sentou-se com toda a calma / deu de mão ao instrumento / e já tirou dele um rasgado: / era fantástico o negro; / e para não deixar dúvidas, / meio se compôs o peito. (N. do T.)

46. Todo mundo percebeu / qual a intenção do negro: / era claro o desafio / dirigido a Martín Fierro, / feito com toda arrogância, / de modo mui altaneiro. (N. do T.)

ciência. Considero essa conjetura errônea, mas o fato de ter sido formulada é uma prova da tensão dramática do trecho. O desafio do negro inclui outro, cuja gravitação crescente sentimos, e prepara ou prefigura outra coisa, que depois não acontece mais adiante no poema.

Fierro aceita os dois desafios e canta em meio a um ansioso silêncio:

> Mientras suene el encordao,
> mientras encuentre el compás,
> yo no hé de quedarme atrás
> sin defender la parada;
> y he jurado que jamás
> me la han de llevar robada...[47]
>
> Y seguiremos si gusta
> hasta que se vaya el día.
> Era la costumbre mía
> cantar las noches enteras,
> Había entonces, donde quiera,
> cantores de fantasía.[48]

O negro é cortês e de linguajar muito florido, mas sob sua doçura lateja uma decisão inquebran-

---

47. Mal soe o encordoado, / mal eu encontre o compasso, / não hei de ficar atrás / sem defender a parada; / e até jurei que jamais / hão de me a levar de roubada. (N. do T.)

48. E seguiremos, querendo, / até que se esconda o dia. / Era a minha mania / cantar as noites inteiras, / Havia então, por aí, / cantores de fantasia. (N. do T.)

tável. Convida Fierro a aprová-lo com perguntas difíceis. Fierro lhe pergunta qual é o canto do céu e, depois, qual é o canto da terra, qual o do mar e qual o da noite. O negro satisfaz tais exigências com formosa imprecisão; ao responder à última, diz:

> No galope que hay aujeros,
> le dijo a un guapo un prudente.
> Le contesto humildemente:
> la noche por cantos tiene
> esos ruidos que uno siente
> sin saber de dónde vienen.[49]
>
> A las sombras sólo el sol
> las penetra y las impone.
> En distintas direcciones,
> se oyen rumores inciertos:
> son almas de los que han muerto,
> que nos piden oraciones.[50]

Martín Fierro entende e lhe pede que deixem as almas dos mortos na paz de Deus. Depois cantam sobre a origem do amor e sobre a lei. Fierro se dá por satisfeito e o negro lhe exige que defina a quan-

---

49. Não galope que há buracos, / disse a um guapo um prudente. / Respondo-lhe humildemente: / a noite por cantos tem / esses ruídos que se escutam / sem saber de onde vêm. (N. do T.)

50. Às sombras somente o sol / as penetra e as domina. / Em distintas direções, / se ouvem rumores incertos: / são almas dos que morreram, / a nos pedir orações. (N. do T.)

tidade, a medida, o peso e o tempo. A estas dificuldades de índole metafísica, Martín Fierro responde. Assim, por exemplo:

> Moreno, voy a decir,
> sigún mi saber alcanza:
> el tiempo sólo es tardanza
> de lo que está por venir.
> No tuvo nunca principio
> ni jamás acabará,
> porque el tiempo es una rueda
> y rueda es eternidá;
> y si el hombre lo divide,
> sólo lo hace, en mi sentir,
> por saber lo que ha vivido
> o le resta que vivir.[51]

Estes temas amplos excedem a capacidade dos gaúchos e talvez dos homens, mas o negro os desvia, quase secretamente, para o propósito que o levou a esta *payada,* que pode ser o começo de uma peleja. Hernández atinge admiravelmente a dupla finalidade: os versos são belos e também fatídicos. Fierro retoma as perguntas. À primeira o negro se declara vencido; suspeitamos que o faz para não retardar seu propósito íntimo. Revela-o assim:

---

51. Negro, vou lhe dizer, / como meu saber alcança: / o tempo só é tardança / daquilo que está por vir. / Não teve nunca princípio / nem jamais acabará, / porque o tempo é uma roda / e roda é eternidade; / e se o homem o divide, / o faz, em meu entender, / pra saber o que viveu / ou lhe resta por viver. (N. do T.)

Ya saben que de mi madre
fueron diez los que nacieron;
mas ya no existe el primero
y más querido de todos:
murió por injustos modos
a manos de un pendenciero...[52]

Y queden en paz los güesos
de aquel hermano querido.
A moverlos no he venido;
mas, si el caso se presenta,
espero en Dios que esta cuenta
se arregle como es debido.[53]

Y si otra ocasión payamos
para que esto se complete,
por mucho que lo respete
cantaremos, si le gusta,
sobre las muertes injustas
que algunos hombres cometen.[54]

---

52. Sabem que de minha mãe / foram dez os que nasceram; / mas já não existe o primeiro / e mais querido de todos: / morreu por injustos modos / nas mãos de um encrenqueiro... (N. do T.)

53. E quedem em paz os ossos / daquele irmão tão querido. / Para movê-los não vim; / mas, se acaso for assim, / espero em Deus que esta conta / se acerte como é devido. (N. do T.)

54. E se outra ocasião trovarmos / para que isto se complete, / por muito que eu o respeite / cantaremos, se quiser, / sobre essas mortes injustas / que alguns homens cometem. (N. do T.)

Fierro lhe responde, com ironia:

Primero fue la frontera
por persecución del Juez;
los indios fueron después,
y para nuevos estrenos,
aura son estos morenos
pa alivio de mi vejez.[55]

Mas cada uno ha de tirar
en el yugo en que se vea.
Yo ya no busco peleas,
las contiendas no me gustan;
pero ni sombras me asustan
ni bultos que se menean.[56]

Os presentes impedem a briga. Martín Fierro e os rapazes se vão. Chegam à costa de um arroio, apeiam e aí Martín Fierro, que acaba de responder com zombarias a um irmão do homem que assassinou, lhes diz untuosamente:

El hombre no mate al hombre
ni pelee por fantasia.
Tiene en la desgracia mía

---

55. Primeiro foi a fronteira / por perseguição do juiz; / os índios vieram depois, / e enfim, para completar, / agora vêm estes negros / minha velhice aliviar. (N. do T.)

56. Mas cada um há de seguir / sob o jugo em que se encontra. / Eu já não busco peleias, / as contendas não me agradam; / mas nem as sombras me assustam / nem vultos que se meneiam. (N. do T.)

un espejo en que mirarse.
Saber el hombre guardarse
es la gran sabiduría.[57]

Depois dessas moralidades, resolvem separar-se e mudar de nome para poder trabalhar em paz.

(Podemos imaginar uma luta além do poema, na qual o negro vinga a morte do irmão.)

No último canto, que tem o número 33, Hernández fala pessoalmente com o leitor, como Walt Whitman na última página de suas *Leaves of grass*. Nesta despedida, o poeta sente sem vaidade a grandeza da obra acabada:

Y si la vida me falta,
tenganló todos por cierto,
que el gaucho, hasta el desierto,
sentirá en tal ocasión
tristeza en el corazón
al saber que yo estoy muerto.[58]

Pues son mis dichas desdichas
las de todos mis hermanos.
Ellos guardarán ufanos

57. O homem não mate o homem / nem lute por fantasia. / Têm na minha desgraça / um espelho em que mirar-se. / Saber o homem guardar-se / é a grande sabedoria. (N. do T.)

58. E caso a vida me falte, / tenham-no todos por certo, / que o gaúcho, até no deserto, / sentirá em tal ocasião / tristeza no coração / ao saber que eu estou morto. (N do T.)

en su corazón mi historia;
me tendrán en su memoria
para siempre mis paisanos...[59]

Mas naide se crea ofendido,
pues a ninguno incomodo;
y si canto de este modo
por encontrarlo portuno,
NO ES PARA MAL DE NINGUNO
SINO PARA BIEN DE TODOS.[60]

---

59. Pois são minhas ditas desditas / as de todos meus irmãos. / Eles guardarão, ufanos, / no coração minha história; / e ter-me-ão na memória / para sempre meus paisanos... (N. do T.)

60. Ninguém se creia ofendido, / pois a ninguém incomodo; / e se canto deste modo / por achá-lo oportuno, / não é pro mal de ninguém, / e sim para o bem de todos. (N. do T.)

# *Martín Fierro* e os críticos

Já falamos do êxito popular que alcançou desde o início o poema de Hernández. Em uma nota editorial da edição de 1894, fala-se de "64 mil exemplares espalhados por todas as zonas da campanha", e se comunica que, "em alguns locais de reunião, criou-se o tipo do *leitor,* em torno de quem se congregavam pessoas de ambos os sexos...". Linhas mais abaixo, lê-se: "Um de meus clientes, armazeneiro atacadista, me mostrava ontem em seus livros as encomendas dos taberneiros da campanha: doze grosas de fósforos; uma barrica de cerveja; doze *Vueltas de Martín Fierro;* cem caixas de sardinhas...". Descontado algum ligeiro exagero comercial (Hernández não era avesso a eles, e até os incluiu algumas vezes no corpo de seu poema), tudo o que foi dito antes deve ser essencialmente verdadeiro.

Desde inícios do século 19, um preconceito romântico determinou ser a obscuridade contemporânea uma das condições da glória póstuma. Leopoldo Lugones, no *El payador,* insiste nos poucos elogios ou nas censuras dos contemporâneos de Hernández, assim como seu mestre Victor Hugo coletou, e inventou, em seu *William Shakespeare,* opiniões desfavoráveis ao poeta. Em tais censuras há algum exagero; os primeiros leitores de *Martín Fierro* não desconheceram seus méritos, embora não os apreciassem plenamente, por causas que investigaremos depois.

Em 1879, Hernández mandou a Mitre um exemplar do poema com a seguinte dedicatória: "Senhor general *Don* Bartolomé Mitre. – Há 25 anos formo nas fileiras de seus adversários políticos. Poucos argentinos podem dizer o mesmo; mas poucos também se atreveriam, como eu, a passar por cima dessa lembrança para pedir ao ilustrado escritor que conceda um pequeno espaço em sua biblioteca a este modesto livro. Peço-lhe que o aceite como testemunho do respeito de seu compatriota O Autor." Conservou-se a resposta de Mitre; este declara que *Martín Fierro* "é uma obra e um tipo que conquistou seu título de cidadania na literatura e na sociabilidade argentina". Acrescenta: "Seu livro é um verdadeiro poema espontâneo, talhado na massa da vida real", e depois, com alguma contradição: "Hidalgo será sempre seu Homero, porque foi o primeiro...".

As palavras "talhado na massa da vida real" nos ajudam a entender por que os contemporâneos não julgaram a obra como nós a julgamos agora.

*Martín Fierro* é de índole realista, e é sabido que as obras deste tipo parecem evidentes e fáceis, sobretudo quando são bem executadas. Zola pôde falar em *fatias de vida* e em *transcrever a realidade;* isso é inexato, pois a vida não é um texto e sim um misterioso processo, mas corresponde ao que as pessoas costumam pensar. Toda obra realista parece mera transcrição, mero jornalismo, e os literatos tendem a crer que basta condescender com esta empresa para executá-la com sucesso. Para nós, o tema de *Martín Fierro* já é distante e, de certo modo, exótico; para os homens de mil oitocentos e setenta e tantos, era o caso banal de um desertor, que depois degenera em bandido. Boa prova disto é que Eduardo Gutierrez apresentou mais tarde abundantes argumentos análogos sem que a ninguém ocorresse pensar que estes vinham de *Martín Fierro.*

Objetar-se-á que Zola deslumbrou seus contemporâneos com livros de tipo realista; nesse deslumbramento tiveram efeito as teorias pseudocientíficas do autor e o escândalo da sexualidade. *Martín Fierro,* em vez disso, prescinde de tais estímulos, por vontade de Hernández e porque a vida erótica dos gaúchos era rudimentar.

Além disso, *Martín Fierro* tem muito de arrazoado político; no início, não o julgaram esteticamente, mas pelas teses que defendia. Acrescente-se que o autor era federalista (*federalote* ou *mazorquero,* se dizia então); quer dizer, pertencia a um partido que todos consideravam moral e intelectualmente inferior. Na Buenos Aires de então, todo mundo se conhecia e a verdade é que José Hernández não impressionou muito seus contemporâneos.

Em 1883, Groussac visitou Victor Hugo; no vestíbulo, procurou se emocionar com o pensamento de que estava na casa do ilustre poeta, mas, "falando francamente, sentia-me tão sereno como se me achasse na casa de José Hernández, autor de *Martín Fierro*" *(El viaje intelectual,* II, 112).

Miguel Cané elogiou o poema de Hernández, mas é significativo do gosto da época que as estrofes que mais lhe agradavam eram as que podiam lembrar Estanislao del Campo. A edição de 1894 inclui também pareceres elogiosos de Ricardo Palma, de José Tomas Guido, de Adolfo Saldías e de Miguel Navarro Viola.

Em 1916, Lugones publicou *El payador,* cuja importância é capital na história da fama do poeta. Lugones sempre fora sensível ao que era crioulo; mas seu estilo barroco e seu vocabulário excessivo o haviam afastado do público. Pensou, sem dúvida, que uma exaltação da obra de Hernández o aproximaria do povo, e escreveu – com toda sinceridade, naturalmente – o livro *El payador.* Lugones reclama para *Martín Fierro* o título de livro nacional dos argentinos. *El payador* contém esplêndidas descrições de nossa época pastoril que inevitavelmente passarão às antologias e cujo único defeito talvez seja terem sido escritas com essa finalidade. Em suas páginas eloqüentes, Lugones exige para *Martín Fierro* o nome de epopéia; sua escritura provaria nossa ascendência greco-latina, apesar da longa interrupção causada pelo cristianismo, que é uma "religião oriental".

O conceito de que cada país deve ter um livro é muito antigo e a princípio foi de índole religiosa. No *Alcorão* os judeus são chamados *a gente do Livro,* e os hindus acreditam que o *Veda* é eterno e que a divindade, em cada uma das criações periódicas do universo, lembra, para criar cada coisa, as palavras do *Veda.* Do conceito de livro canônico religioso passou-se, no início do século 19, ao de livros canônicos nacionais; Carlyle escreveu que a Itália estava resumida na *Divina Comédia* e a Espanha no *Quixote* e acrescentou que a quase infinita Rússia era muda, porque ainda não se havia manifestado num livro. Lugones declarou que nós argentinos já possuíamos esse livro canônico e que este, previsivelmente, era *Martín Fierro*. Disse que a obra de Hernández era para nossas origens o que era a *Ilíada* para as origens gregas ou a *Chanson de Roland* para as da França. Essa necessidade imaginária de que *Martín Fierro* fosse épico procurou assim comprimir (ainda que de modo simbólico) a história secular da pátria com suas gerações, seus desterros, suas agonias, suas batalhas de Chacabuco e de Ituzaingó, no caso individual de um *cuchillero*[1] de 1870. Mais adiante voltaremos a essa discrepância.

Rojas, em sua *Literatura argentina*, repete com certas vacilações ou contradições o mesmo argumento. Diz num parágrafo que "deve-se considerar esta pitoresca *payada*, na rusticidade de sua forma e na ingenuidade de seu fundo, como uma voz elemental da natureza" e que "seria como repudiar o arrulho da pomba por não ser um madrigal, ou a canção do vento por não ser uma ode". Em outro, lemos: "Fundar cidades que começaram sendo fortins; expandir sua ação sobre o deserto em raio progressivo; lutar com a terra virgem e com o auca[2] batalhador; padecer às injustiças da organização social rudimentar; sobrelevar heroicamente entre essas forças fatais a fé em si mesmos, na humanidade, na justiça; eis aí a vida do gaúcho *Martín Fierro;* eis aí a vida de todo o

1. *Cuchillero* – indivíduo que luta utilizando-se de faca. (N. do T.)

2. *Auca* – índio do ramo araucano. (N. do T.)

povo argentino". Quem tenha lido, ainda que superficialmente, a obra de Hernández, sabe muito bem que nela os temas enumerados por Rojas brilham, para repetir a frase de Tácito, por sua ausência, ou aparecem apenas de um modo lateral.

Nas notas de sua *Antología*, Calixto Oyuela, mais acertadamente, escreveu: "O argumento de *Martín Fierro* não é propriamente *nacional* nem ao menos de raça, nem se relaciona de modo algum com nossas origens como povo, nem como nação politicamente constituída. Trata-se nele das dolorosas vicissitudes da vida de um gaúcho *no último terço do século passado*, na época da decadência e próximo ao desaparecimento desse nosso tipo local e transitório ante uma organização social que o aniquila".

Cabe citar a título de curiosidade a opinião de Miguel de Unamuno: "Em *Martín Fierro* se identificam e como que se fundem intimamente o elemento épico e o lírico; *Martín Fierro* é, de todo o hispano-americano que conheço, o mais profundamente espanhol. Quando o *payador* pampeiro à sombra do umbu, na infinita calma do deserto, ou na noite serena à luz das estrelas, entoar, acompanhado da guitarra espanhola, as monótonas décimas de *Martín Fierro*, e escutarem os gaúchos comovidos a poesia de seu pampa, sentirão sem o saber, nem poder disso dar-se conta, que lhes brotam do leito inconsciente do espírito ecos inextinguíveis da mãe Espanha, ecos que com o sangue e a alma lhes legaram seus pais. *Martín Fierro* é o canto do lutador espanhol que, após ter plantado a cruz em Granada, foi para a América servir de guarda avançada à civilização e abrir o caminho do deserto". Talvez não seja inútil advertir que as "monótonas décimas" que Unamuno hospitaleiramente anexa à literatura espanhola são na realidade sextinas.

Mais lúcida e menos surpreendente é a opinião de Menéndez y Pelayo: "A obra magistral do gênero gauchesco é, por confusão unânime dos argentinos, o poema de Hernández, *Martín Fierro*, obra popularíssima em todo o território da República, e não só nas cidades, mas também nas tabernas e ranchos do campo. O sopro do pampa argentino corre por seus desgrenhados, bravios e pujantes versos, em que explodem todas as energias da paixão indômita e primitiva, em luta com o mecanismo social que inutilmente reprime os ímpetos do protagonista e acaba por lançá-lo à vida livre do deserto, não sem sentir alguma nostalgia do mundo civilizado, que o arremessa de seu seio". Vê-se que a Menéndez y Pelayo impressionou a "madrugada clara" em que os dois amigos atravessaram a fronteira.

*Martín Fierro* foi base, ou pretexto, para outro livro capital: *Muerte y transfiguración de Martín Fierro* (México, 1948), de Ezequiel Martínez Estrada. Trata-se menos de uma interpretação dos textos do que de uma nova obra; em suas páginas, um grande poeta com a experiência de Melville, de Kafka e dos russos volta a sonhar, enriquecendo de sombra e de vertigem o sonho primitivo de Hernández. *Muerte y transfiguración de Martín Fierro* inaugura um novo estilo de crítica do poema gauchesco. As futuras gerações falarão do Cruz, ou do Picardía, de Martínez Estrada, como falamos hoje do Farinata de De Sanctis ou do Hamlet de Coleridge.

# Parecer geral

Em círculos literários europeus e americanos fui muitas vezes interrogado sobre literatura argentina e invariavelmente respondi que essa literatura (tão desdenhada pelos que a ignoram) existe e que compreende ao menos um livro, que é *Martín Fierro.* Justificar essa primazia é o fim a que estas últimas páginas se propõem.

No capítulo anterior coletei alguns juízos críticos. Uma simplificação simbólica poderia reduzi-los a dois: o de Lugones, para quem *Martín Fierro* é uma epopéia das origens argentinas; o de Calixto Oyuela, para quem o poema só registra um caso individual. "Justiceiro e libertador" é a definição do protagonista que Lugones estampou; "homem com visível inclinação para o tipo *moreiresco* de gaúcho mau, agressivo, assassino e dado a pelear com a política" é a que Oyuela prefere. Como resolver a discussão?

O crítico francês Rémy de Gourmont se comprazia no difícil exercício de dissociar idéias. Na controvérsia que acabo de resumir, se confunde a virtude estética do poema com a virtude moral do protagonista, e se quer que aquela dependa desta. Desfeita essa confusão, o debate se aclara.

Retomemos o tema da classificação proposta por Lugones. Para os gregos o maior poeta era

Homero; a veneração que lhe tributavam se estendeu ao *gênero* a que pertenciam suas obras e surgiu assim o culto secular do épico, que encheria a Itália de epopéias artificiais e induziria, no século 18, Voltaire a fabricar a *Henriade,* para que não faltasse uma epopéia à literatura francesa... Mas Aristóteles já havia afirmado que a tragédia pode levar vantagem sobre o épico em brevidade, unidade e clareza; Lugones, ao reclamar para *Martín Fierro* o nome de epopéia, não faz outra coisa que reviver uma velha e daninha superstição.

A palavra *epopéia* tem, contudo, sua utilidade neste debate. Permite-nos definir o tipo de prazer que nos proporciona a leitura de *Martín Fierro;* esse prazer, na verdade, é mais parecido com o da *Odisséia* ou com o das *sagas* do que com o de uma estrofe de Verlaine ou de Enrique Banchs. Em tal sentido, é razoável afirmar que *Martín Fierro* é épico, sem que isso nos autorize a confundi-lo com as epopéias genuínas. Além disso, a palavra pode nos prestar outro serviço. O prazer que proporcionavam as epopéias aos primitivos ouvintes era o que hoje proporcionam os romances: o de ouvir que aconteceram tais coisas a tal homem. A epopéia foi uma pré-forma do romance. Assim, descontado o acidente do verso, caberia definir *Martín Fierro* como um romance. Esta definição é a única que pode transmitir com exatidão o tipo de prazer que nos dá e que coincide, sem causar espécie, com sua data, que foi – quem não o sabe? – a do século novelístico por excelência: o de Dickens, o de Dostoiévski, o de Flaubert.

A épica exige perfeição dos personagens; o romance vive de sua imperfeição e complexidade. Para uns, Martín Fierro é um homem justo; para outros um malvado ou, como disse festivamente Macedonio Fernández, um siciliano vingativo; cada uma dessas opiniões contrárias é totalmente sincera e parece evidente a quem a formula. Esta incerteza final é um dos traços das criaturas mais perfeitas da arte, porque o é também da realidade. Shakespeare pode ser ambíguo, mas é menos ambíguo que Deus. Não chegamos a saber quem é Hamlet ou quem é Martín Fierro, mas tampouco nos foi permitido saber quem realmente somos ou quem é a pessoa a quem mais amamos.

Assassino, brigão, bêbado, não esgotam as definições infamantes que mereceu Martín Fierro; se o julgamos (como fez Oyuela) pelos atos que cometeu, todas elas são justas e incontestáveis. Poder-se-ia objetar que esses juízos pressupõem uma moral que Martín Fierro não professou, porque sua ética foi a da coragem e não a do perdão. Mas Fierro, que ignorou a piedade, queria que os outros fossem retos e piedosos com ele e ao longo de sua história se queixa quase infinitamente.

Se não condenamos Martín Fierro, é por saber que os atos costumam caluniar os homens. Alguém pode roubar e não ser ladrão, matar e não ser assassino. O pobre Martín Fierro não está nas confusas mortes que cometeu nem nos excessos de protesto e bravata que atrapalham a crônica de suas desventuras. Está na entonação e na respiração dos versos; na inocência que lembra modestas e perdidas felicidades e na coragem que não ignora que o homem nasceu para sofrer. Assim, me parece, nós argentinos o sentimos instintivamente. As vicissitudes de Fierro nos importam menos que a pessoa que as viveu.

Expressar homens que as futuras gerações não desejarão esquecer é um dos propósitos da arte; José Hernández o alcançou plenamente.

# Bibliografia

a) EDIÇÕES DO POEMA:

JOSÉ HERNANDEZ, *El gaucho Martín Fierro y La vuelta de Martín Fierro* (Buenos Aires, Librería Martín Fierro, 1894). Inclui os prólogos do autor, os primeiros juízos críticos e as litografias originais de Carlos Clerice.

*Martín Fierro,* comentado y anotado por Eleuterio E. Tiscornia (Buenos Aires, Coni, 1925). Sua importância é gramatical; relaciona a linguagem do poema com a dos clássicos espanhóis.

*El gaucho Martín Fierro y La vuelta de Martín Fierro,* edición revisada y anotada por Santiago M. Lugones (Buenos Aires, Centurión, 1926). É, repetimos, a mais útil.

JOSÉ HERNANDEZ, *Martín Fierro* (Buenos Aires, Claridad, 1940). Traz um estudo preliminar de Carlos Octavio Bunge.

JOSÉ HERNANDEZ, *Martín Fierro.* Edición crítica de Carlos Alberto Leumann (Buenos Aires, Estrada, 1947). Fixa o texto à luz dos manuscritos originais. Às vezes propõe emendas arbitrárias e quer justificar falazmente os erros de ortografia de Hernández.

b) ESTUDOS:

LEOPOLDO LUGONES, *El payador.* Tomo primero. *Hijo de la pampa* (Buenos Aires, Otero y compañia, 1916).

RICARDO ROJAS, *Historia de la literatura argentina. Los gauchescos* (Buenos Aires, El Ateneo, 1924).

VICENTE ROSSI, *Folletos lenguaraces.* Desagravio al lenguage de Martín Fierro (Córdoba, Imprenta Argentina, 1939-1945).

EZEQUIEL MARTÍNEZ ESTRADA, *Muerte y transfiguración de Martín Fierro* (México, Fondo de Cultura, 1948). Traz o texto integral do poema e uma copiosa bibliografia.

FRANCISCO I. CASTRO, *Vocabulario y frases de "Martín Fierro"* (Buenos Aires, Ciordia Y Rodríguez, 1950).

# Coleção **L&PM** POCKET

1. **Catálogo geral da Coleção**
2. **Poesias** – Fernando Pessoa
3. **O livro dos sonetos** – org. Sergio Faraco
4. **Hamlet** – Shakespeare/ trad. Millôr
5. **Isadora, frag. autobiográficos** – Isadora Duncan
6. **Histórias sicilianas** – G. Lampedusa
7. **O relato de Arthur Gordon Pym** – Edgar A. Poe
8. **A mulher mais linda da cidade** – Bukowski
9. **O fim de Montezuma** – Hernan Cortez
10. **A ninfomania** – D. T. Bienville
11. **As aventuras de Robinson Crusoé** – D. Defoe
12. **Histórias de amor** – A. Bioy Casares
13. **Armadilha mortal** – Roberto Arlt
14. **Contos de fantasmas** – Daniel Defoe
15. **Os pintores cubistas** – G. Apollinaire
16. **A morte de Ivan Ilitch** – L.Tolstoi
17. **A desobediência civil** – D. H. Thoreau
18. **Liberdade, liberdade** – F. Rangel e M. Fernandes
19. **Cem sonetos de amor** – Pablo Neruda
20. **Mulheres** – Eduardo Galeano
21. **Cartas a Théo** – Van Gogh
22. **Don Juan** – Molière – Trad. Millôr Fernandes
24. **Horla** – Guy de Maupassant
25. **O caso de Charles Dexter Ward** – Lovecraft
26. **Vathek** – William Beckford
27. **Hai-Kais** – Millôr Fernandes
28. **Adeus, minha adorada** – Raymond Chandler
29. **Cartas portuguesas** – Mariana Alcoforado
30. **A mensageira das violetas** – Florbela Espanca
31. **Espumas flutuantes** – Castro Alves
32. **Dom Casmurro** – Machado de Assis
34. **Alves & Cia.** – Eça de Queiroz
35. **Uma temporada no inferno** – A. Rimbaud
36. **A corresp. de Fradique Mendes** – Eça de Queiroz
38. **Antologia poética** – Olavo Bilac
39. **Rei Lear – W. Shakespeare**
40. **Memórias póstumas de Brás Cubas** – M. de Assis
41. **Que loucura!** – Woody Allen
42. **O duelo** – Casanova
44. **Gentidades** – Darcy Ribeiro
45. **Mem. de um Sarg. de Milícias** – M. A. de Almeida
46. **Os escravos** – Castro Alves
47. **O desejo pego pelo rabo** – Pablo Picasso
48. **Os inimigos** – Máximo Gorki
49. **O colar de veludo** – Alexandre Dumas
50. **Livro dos bichos** – Vários
51. **Quincas Borba** – Machado de Assis
53. **O exército de um homem só** – Moacyr Scliar
54. **Frankenstein** – Mary Shelley
55. **Dom Segundo Sombra** – Ricardo Güiraldes
56. **De vagões e vagabundos** – Jack London
57. **O homem bicentenário** – Isaac Asimov
58. **A viuvinha** – José de Alencar
59. **Livro das cortesãs** – Org. de Sergio Faraco
60. **Últimos poemas** – Pablo Neruda
61. **A moreninha** – Joaquim Manuel de Macedo
62. **Cinco minutos** – José de Alencar
63. **Saber envelhecer e a amizade** – Cícero
64. **Enquanto a noite não chega** – J. Guimarães
65. **Tufão** – Joseph Conrad
66. **Aurélia** – Gérard de Nerval
67. **I-Juca-Pirama** – Gonçalves Dias
68. **Fábulas de Esopo**
69. **Teresa Filósofa** – Anônimo do Séc. XVIII
70. **Avent. inéditas de Sherlock Holmes** – A. C. Doyle
71. **Quintana de bolso** – Mario Quintana
72. **Antes e depois** – Paul Gauguin
73. **A morte de Olivier Bécaille** – Émile Zola
74. **Iracema** – José de Alencar
75. **Iaiá Garcia** – Machado de Assis
76. **Utopia** – Tomás Morus
77. **Sonetos para amar o amor** – Camões
78. **Carmem** – Prosper Mérimée
79. **Senhora** – José de Alencar
80. **Hagar, o horrível 1** – Dik Browne
81. **O coração das trevas** – Joseph Conrad
82. **Um estudo em vermelho** – Conan Doyle
83. **Todos os sonetos** – Augusto dos Anjos
84. **A propriedade é um roubo** – P.-J. Proudhon
85. **Drácula** – Bram Stoker
86. **O marido complacente** – Sade
87. **De profundis** – Oscar Wilde
88. **Sem plumas** – Woody Allen
89. **Os bruzundangas** – Lima Barreto
90. **O cão dos Baskervilles** – Conan Doyle
91. **Paraísos artificiais** – Charles Baudelaire
92. **Cândido, ou o otimismo** – Voltaire
93. **Triste fim de Policarpo Quaresma** – Lima Barreto
94. **Amor de perdição** – Camilo Castelo Branco
95. **Megera domada** – Shakespeare/Millôr
96. **O mulato** – Aluísio Azevedo
97. **O alienista** – Machado de Assis
98. **O livro dos sonhos** – Jack Kerouac
99. **Noite na taverna** – Álvares de Azevedo
100. **Aura** – Carlos Fuentes
102. **Contos gauchescos e Lendas do sul** – Simões Lopes Neto
103. **O cortiço** – Aluísio Azevedo
104. **Marília de Dirceu** – T. A. Gonzaga
105. **O Primo Basílio** – Eça de Queiroz
106. **O ateneu** – Raul Pompéia
107. **Um escândalo na Boêmia** – Conan Doyle
108. **Contos** – Machado de Assis
109. **200 Sonetos** – Luis Vaz de Camões
110. **O príncipe** – Maquiavel
111. **A escrava Isaura** – Bernardo Guimarães
112. **O solteirão nobre** – Conan Doyle
114. **Shakespeare de A a Z** – W. Shakespeare

115.**A relíquia** – Eça de Queiroz
117.**O livro do corpo** – Vários
118.**Lira dos 20 anos** – Álvares de Azevedo
119.**Esaú e Jacó** – Machado de Assis
120.**A barcarola** – Pablo Neruda
121.**Os conquistadores** – Júlio Verne
122.**Contos breves** – G. Apollinaire
123.**Taipi** – Herman Melville
124.**Livro dos desaforos** – Org. de S. Faraco
125.**A mão e a luva** – Machado de Assis
126.**Doutor Miragem** – Moacyr Scliar
127.**O penitente** – Isaac B. Singer
128.**Diários da descoberta da América** – C.Colombo
129.**Édipo Rei** – Sófocles
130.**Romeu e Julieta** – William Shakespeare
131.**Hollywood** – Charles Bukowski
132.**Billy the Kid** – Pat Garrett
133.**Cuca fundida** – Woody Allen
134.**O jogador** – Dostoiévski
135.**O livro da selva** – Rudyard Kipling
136.**O vale do terror** – Conan Doyle
137.**Dançar tango em Porto Alegre** – S. Faraco
138.**O gaúcho** – Carlos Reverbel
139.**A volta ao mundo em oitenta dias** – J. Verne
140.**O livro dos esnobes** – W. M. Thackeray
141.**Amor & morte em Poodle Springs** – Raymond Chandler & R. Parker
142.**As aventuras de David Balfour** – Stevenson
143.**Alice no país das maravilhas** – Lewis Carroll
144.**A ressurreição** – Machado de Assis
145.**Inimigos, uma história de amor** – I. Singer
146.**O Guarani** – José de Alencar
147.**Cidade e as serras** – Eça de Queiroz
148.**Eu e outras poesias** – Augusto dos Anjos
149.**A mulher de trinta anos** – Balzac
150.**Pomba enamorada** – Lygia F. Telles
151.**Contos fluminenses** – Machado de Assis
152.**Antes de Adão** – Jack London
153.**Intervalo amoroso** – A.Romano de Sant'Anna
154.**Memorial de Aires** – Machado de Assis
155.**Naufrágios e comentários** – Cabeza de Vaca
156.**Ubirajara** – José de Alencar
157.**Textos anarquistas** – Bakunin
158.**O pirotécnico Zacarias** – Murilo Rubião
159.**Amor de salvação** – Camilo Castelo Branco
160.**O gaúcho** – José de Alencar
161.**O Livro das maravilhas** – Marco Polo
162.**Inocência** – Visconde de Taunay
163.**Helena** – Machado de Assis
164.**Uma estação de amor** – Horácio Quiroga
165.**Poesia reunida** – Martha Medeiros
166.**Memórias de Sherlock Holmes** – Conan Doyle
167.**A vida de Mozart** – Stendhal
168.**O primeiro terço** – Neal Cassady
169.**O mandarim** – Eça de Queiroz
170.**Um espinho de marfim** – Marina Colasanti
171.**A ilustre Casa de Ramires** – Eça de Queiroz
172.**Lucíola** – José de Alencar
173.**Antígona** – Sófocles – trad. Donaldo Schüler
174.**Otelo** – William Shakespeare
175.**Antologia** – Gregório de Matos
176.**A liberdade de imprensa** – Karl Marx
177.**Casa de pensão** – Aluísio Azevedo
178.**São Manuel Bueno, Mártir** – Unamuno
179.**Primaveras** – Casimiro de Abreu
180.**O noviço** – Martins Pena
181.**O sertanejo** – José de Alencar
182.**Eurico, o presbítero** – Alexandre Herculano
183.**O signo dos quatro** – Conan Doyle
184.**Sete anos no Tibet** – Heinrich Harrer
185.**Vagamundo** – Eduardo Galeano
186.**De repente acidentes** – Carl Solomon
187.**As minas de Salomão** – Rider Haggar
188.**Uivo** – Allen Ginsberg
189.**A ciclista solitária** – Conan Doyle
190.**Os seis bustos de Napoleão** – Conan Doyle
191.**Cortejo do divino** – Nelida Piñon
192.**Cassino Royale** – Ian Fleming
193.**Viva e deixe morrer** – Ian Fleming
194.**Os crimes do amor** – Marques de Sade
195.**Besame Mucho** – Mário Prata
196.**Tuareg** – Alberto Vázquez-Figueroa
197.**O longo adeus** – Raymond Chandler
198.**Os diamantes são eternos** – Ian Fleming
199.**Notas de um velho safado** – C. Bukowski
200.**111 ais** – Dalton Trevisan
201.**O nariz** – Nicolai Gogol
202.**O capote** – Nicolai Gogol
203.**Macbeth** – William Shakespeare
204.**Heráclito** – Donaldo Schüler
205.**Você deve desistir, Osvaldo** – Cyro Martins
206.**Memórias de Garibaldi** – A. Dumas
207.**A arte da guerra** – Sun Tzu
208.**Fragmentos** – Caio Fernando Abreu
209.**Festa no castelo** – Moacyr Scliar
210.**O grande deflorador** – Dalton Trevisan
211.**Corto Maltese na Etiópia** – Hugo Pratt
212.**Homem do princípio ao fim** – Millôr Fernandes
213.**Aline e seus dois namorados** – A. Iturrusgarai
214.**A juba do leão** – Sir Arthur Conan Doyle
215.**Assassino metido a esperto** – R. Chandler
216.**Confissões de um comedor de ópio** – T.De Quincey
217.**Os sofrimentos do jovem Werther** – Goethe
218.**Fedra** – Racine – Trad. Millôr Fernandes
219.**O vampiro de Sussex** – Conan Doyle
220.**Sonho de uma noite de verão** – Shakespeare
221.**Dias e noites de amor e de guerra** – Galeano
222.**O Profeta** – Khalil Gibran
223.**Flávia, cabeça, tronco e membros** – M. Fernandes
224.**Guia da ópera** – Jeanne Suhamy
225.**Macário** – Álvares de Azevedo
226.**Etiqueta na Prática** – Celia Ribeiro
227.**Manifesto do partido comunista** – Marx & Engels
228.**Poemas** – Millôr Fernandes
229.**Um inimigo do povo** – Henrik Ibsen
230.**O paraíso destruído** – Frei B. de las Casas

231.**O gato no escuro** – Josué Guimarães
232.**O mágico de Oz** – L. Frank Baum
233.**Armas no Cyrano's** – Raymond Chandler
234.**Max e os felinos** – Moacyr Scliar
235.**Nos céus de Paris** – Alcy Cheuiche
236.**Os bandoleiros** – Schiller
237.**A primeira coisa que eu botei na boca** – Deonísio da Silva
238.**As aventuras de Simbad, o marújo**
239.**O retrato de Dorian Gray** – Oscar Wilde
240.**A carteira de meu tio** – J. Manuel de Macedo
241.**A luneta mágica** – J. Manuel de Macedo
242.**A metamorfose** – Kafka
243.**A flecha de ouro** – Joseph Conrad
244.**A ilha do tesouro** – R. L. Stevenson
245.**Marx - Vida & Obra** – José A. Giannotti
246.**Gênesis**
247.**Unidos para sempre** – Ruth Rendell
248.**A arte de amar** – Ovídio
249.**O sono eterno** – Raymond Chandler
250.**Novas receitas do Anonymus Gourmet** – J.A.P.M.
251.**A nova catacumba** – Conan Doyle
252.**O Dr. Negro** – Sir Arthur Conan Doyle
253.**Os voluntários** – Moacyr Scliar
254.**A bela adormecida** – Irmãos Grimm
255.**O príncipe sapo** – Irmãos Grimm
256.**Confissões** *e* **Memórias** – H. Heine
257.**Viva o Alegrete** – Sergio Faraco
258.**Vou estar esperando** – R. Chandler
259.**A senhora Beate e seu filho** – Schnitzler
260.**O ovo apunhalado** – Caio Fernando Abreu
261.**O ciclo das águas** – Moacyr Scliar
262.**Millôr Definitivo** – Millôr Fernandes
264.**Viagem ao centro da terra** – Júlio Verne
265.**A dama do lago** – Raymond Chandler
266.**Caninos brancos** – Jack London
267.**O médico e o monstro** – R. L. Stevenson
268.**A tempestade** – William Shakespeare
269.**Assassinatos na rua Morgue** – E. Allan Poe
270.**99 corruíras nanicas** – Dalton Trevisan
271.**Broquéis** – Cruz e Sousa
272.**Mês de cães danados** – Moacyr Scliar
273.**Anarquistas – vol. 1 – A idéia** – G. Woodcock
274.**Anarquistas – vol. 2 – O movimento** – G. Woodcock
275.**Pai e filho, filho e pai** – Moacyr Scliar
276.**As aventuras de Tom Sawyer** – Mark Twain
277.**Muito barulho por nada** – W. Shakespeare
278.**Elogio à Loucura** – Erasmo
279.**Autobiografia de Alice B. Toklas** – G. Stein
280.**O chamado da floresta** – J. London
281.**Uma agulha para o diabo** – Ruth Rendell
282.**Verdes vales do fim do mundo** – A. Bivar
283.**Ovelhas negras** – Caio Fernando Abreu
284.**O fantasma de Canterville** – O. Wilde
285.**Receitas de Yayá Ribeiro** – Celia Ribeiro
286.**A galinha degolada** – H. Quiroga
287.**O último adeus de Sherlock Holmes** – A. Conan Doyle
288.**A. Gourmet** ***em*** **Histórias de cama & mesa** – J. A. Pinheiro Machado
289.**Topless** – Martha Medeiros
290.**Mais receitas do Anonymus Gourmet** – J. A. Pinheiro Machado
291.**Origens do discurso democrático** – D. Schüler
292.**Humor politicamente incorreto** – Nani
293.**O teatro do bem e do mal** – E. Galeano
294.**Garibaldi & Manoela** – J. Guimarães
295.**10 dias que abalaram o mundo** – John Reed
296.**Numa fria** – Charles Bukowski
297.**Poesia de Florbela Espanca** vol. 1
298.**Poesia de Florbela Espanca** vol. 2
299.**Escreva certo** – É. Oliveira e M. E. Bernd
300.**O vermelho e o negro** – Stendhal
301.**Ecce homo** – Friedrich Nietzsche
302.**Comer bem, sem culpa** – Dr. Fernando Lucchese, A. Gourmet e Iotti
303.**O livro de Cesário Verde** – Cesário Verde
304.**O reino das cebolas** – C. Moscovich
305.**100 receitas de macarrão** – S. Lancellotti
306.**160 receitas de molhos** – S. Lancellotti
307.**100 receitas light** – H. e Â. Tonetto
308.**100 receitas de sobremesas** – Celia Ribeiro
309.**Mais de 100 dicas de churrasco** – Leon Diziekaniak
310.**100 receitas de acompanhamentos** – C. Cabeda
311.**Honra ou vendetta** – S. Lancellotti
312.**A alma do homem sob o socialismo** – Oscar Wilde
313.**Tudo sobre Yôga** – Mestre De Rose
314.**Os varões assinalados** – Tabajara Ruas
315.**Édipo em Colono** – Sófocles
316.**Lisístrata** – Aristófanes/ trad. Millôr
317.**Sonhos de Bunker Hill** – John Fante
318.**Os deuses de Raquel** – Moacyr Scliar
319.**O colosso de Marússia** – Henry Miller
320.**As eruditas** – Molière/ trad. Millôr
321.**Radicci 1** – Iotti
322.**Os Sete contra Tebas** – Ésquilo
323.**Brasil Terra à Vista** – Eduardo Bueno
324.**Radicci 2** – Iotti
325.**Júlio César** – William Shakespeare
326.**A carta de Pero Vaz de Caminha**
327.**Cozinha Clássica** – Sílvio Lancellotti
328.**Madame Bovary** – Gustave Flaubert
329.**Dicionário do viajante insólito** – M. Scliar
330.**O capitão saiu para o almoço...** – Bukowski
331.**A carta roubada** – Edgar Allan Poe
332.**É tarde para saber** – Josué Guimarães
333.**O livro de bolso da Astrologia** – Maggy Harrissonx e Mellina Li
334.**1933 foi um ano ruim** – John Fante
335.**100 receitas de arroz** – Aninha Comas
336.**Guia prático do Português correto – vol. 1** – Cláudio Moreno
337.**Bartleby, o escriturário** – H. Melville
338.**Enterrem meu coração na curva do rio** – Dee Brown

339.**Um conto de Natal** – Charles Dickens
340.**Cozinha sem segredos** – J. A. P. Machado
341.**A dama das Camélias** – A. Dumas Filho
342.**Alimentação saudável** – H. e Â. Tonetto
343.**Continhos galantes** – Dalton Trevisan
344.**A Divina Comédia** – Dante Alighieri
345.**A Dupla Sertanojo** – Santiago
346.**Cavalos do amanhecer** – Mario Arregui
347.**Biografia de Vincent van Gogh por sua cunhada** – Jo van Gogh-Bonger
348.**Radicci 3** – Iotti
349.**Nada de novo no front** – E. M. Remarque
350.**A hora dos assassinos** – Henry Miller
351.**Flush - Memórias de um cão** – Virginia Woolf
352.**A guerra no Bom Fim** – M. Scliar
353(1).**O caso Saint-Fiacre** – Simenon
354(2).**Morte na alta sociedade** – Simenon
355(3).**O cão amarelo** – Simenon
356(4).**Maigret e o homem do banco** – Simenon
357.**As uvas e o vento** – Pablo Neruda
358.**On the road** – Jack Kerouac
359.**O coração amarelo** – Pablo Neruda
360.**Livro das perguntas** – Pablo Neruda
361.**Noite de Reis** – William Shakespeare
362.**Manual de Ecologia** – vol.1 – J. Lutzenberger
363.**O mais longo dos dias** – Cornelius Ryan
364.**Foi bom prá você?** – Nani
365.**Crepusculário** – Pablo Neruda
366.**A comédia dos erros** – Shakespeare
367(5).**A primeira investigação de Maigret** – Simenon
368(6).**As férias de Maigret** – Simenon
369.**Mate-me por favor (vol.1)** – L. McNeil
370.**Mate-me por favor (vol.2)** – L. McNeil
371.**Carta ao pai** – Kafka
372.**Os Vagabundos iluminados** – J. Kerouac
373(7).**O enforcado** – Simenon
374(8).**A fúria de Maigret** – Simenon
375.**Vargas, uma biografia política** – H. Silva
376.**Poesia reunida (vol.1)** – A. R. de Sant'Anna
377.**Poesia reunida (vol.2)** – A. R. de Sant'Anna
378.**Alice no país do espelho** – Lewis Carroll
379.**Residência na Terra 1** – Pablo Neruda
380.**Residência na Terra 2** – Pablo Neruda
381.**Terceira Residência** – Pablo Neruda
382.**O delírio amoroso** – Bocage
383.**Futebol ao sol e à sombra** – E. Galeano
384(9).**O porto das brumas** – Simenon
385(10).**Maigret e seu morto** – Simenon
386.**Radicci 4** – Iotti
387.**Boas maneiras & sucesso nos negócios** – Celia Ribeiro
388.**Uma história Farroupilha** – M. Scliar
389.**Na mesa ninguém envelhece** – J. A. P. Machado
390.**200 receitas inéditas do Anonymus Gourmet** – J. A. Pinheiro Machado
391.**Guia prático do Portugês correto – vol.2** – Cláudio Moreno
392.**Breviário das terras do Brasil** – Luis A.de Assis Brasil
393.**Cantos Cerimoniais** – Pablo Neruda
394.**Jardim de Inverno** – Pablo Neruda
395.**Antonio e Cleópatra** – William Shakespeare
396.**Tróia** – Cláudio Moreno
397.**Meu tio matou um cara** – Jorge Furtado
398.**O anatomista** – Federico Andahazi
399.**As viagens de Gulliver** – Jonathan Swift
400.**Dom Quixote – v.1** – Miguel de Cervantes
401.**Dom Quixote – v.2** – Miguel de Cervantes
402.**Sozinho no Pólo Norte** – Thomas Brandolin
403.**Matadouro Cinco** – Kurt Vonnegut
404.**Delta de Vênus** – Anaïs Nins
405.**Hagar 2** – Dick Browne
406.**É grave Doutor?** – Nani
407.**Orai pornô** – Nani
408(11).**Maigret em Nova York** – Simenon
409(12).**O assassino sem rosto** – Simenon
410(13).**O mistério das jóias roubadas** – Simenon
411.**A irmãzinha** – Raymond Chandler
412.**Três contos** – Gustave Flaubert
413.**De ratos e homens** – John Steinbeck
414.**Lazarilho de Tormes**
415.**Triângulo das águas** – Caio Fernando Abreu
416.**100 receitas de carnes** – Sílvio Lancellotti
417.**Histórias de robôs: volume 1** – Isaac Asimov
418.**Histórias de robôs: volume 2** – Isaac Asimov
419.**Histórias de robôs: volume 3** – Isaac Asimov
420.**O país dos centauros** – Tabajara Ruas
421.**A república de Anita** – Tabajara Ruas
422.**A carga dos lanceiros** – Tabajara Ruas
423.**Um amigo de Kafka** – Isaac Singer
424.**As alegres matronas de Windsor** – Shakespeare
425.**Amor e exílio** – Isaac Bashevis Singer
426.**Use & abuse do seu signo** – Marília Fiorillo e Marylou Simonsen
427.**Pigmaleão** – Bernard Shaw
428.**As fenícias** – Eurípides
429.**Everest** – Thomaz Brandolin
430.**A arte de furtar** – Anônimo do séc. XVI
431.**Billy Bud** – Herman Melville
432.**A rosa separada** – Pablo Neruda
433.**Elegia** – Pablo Neruda
434.**A garota de Cassidy** – David Goodis
435.**Como fazer a guerra: máximas de Napoleão**
436.**Poemas de Emily Dickinson**
437.**Gracias por el fuego** – Mario Benedetti
438.**O sofá** – Crébillon Fils
439.**O "Martín Fierro"** – Jorge Luis Borges
440.**Trabalhos de amor perdidos** – W. Shakespeare
441.**O melhor de Hagar 3** – Dik Browne
442.**Os Maias (volume1)** – Eça de Queiroz
443.**Os Maias (volume2)** – Eça de Queiroz
444.**Anti-Justine** – Restif de La Bretonne
445.**Juventude** – Joseph Conrad
446.**Singularidades de uma rapariga loura** – Eça de Queiroz
447.**Janela para a morte** – Raymond Chandler
448.**Um amor de Swann** – Marcel Proust

449.**À paz perpétua** – Immanuel Kant
450.**A conquista do México** – Hernan Cortez
451.**Defeitos escolhidos e 2000** – Pablo Neruda
452.**O casamento do céu e do inferno** – William Blake
453.**A primeira viagem ao redor do mundo** – Antonio Pigafetta
454(14).**Uma sombra na janela** – Simenon
455(15).**A noite da encruzilhada** – Simenon
456(16).**A velha senhora** – Simenon
457.**Sartre** – Annie Cohen-Solal
458.**Discurso do método** – René Descartes
459.**Garfield em grande forma** – Jim Davis
460.**Garfield está de dieta** – Jim Davis
461.**O livro das feras** – Patricia Highsmith
462.**Viajante solitário** – Jack Kerouac
463.**Auto da barca do inferno** – Gil Vicente

## Coleção L&PM POCKET / SAÚDE

1.**Pílulas para viver melhor** – Dr. Lucchese
2.**Pílulas para prolongar a juventude** – Dr. Lucchese
3.**Desembarcando o Diabetes** – Dr. Lucchese
4.**Desembarcando o Sedentarismo** – Dr. Fernando Lucchese e Cláudio Castro
5.**Desembarcando a Hipertensão** – Dr. Lucchese

IMPRESSÃO:

GRÁFICA EDITORA
Pallotti
IMAGEM DE QUALIDADE

Santa Maria - RS - Fone/Fax: (55) 222.3050
**wwww.pallotti.com.br**
*Com filmes fornecidos*